D'OÙ VIENS-TU
maman !

IRÈNE HANSEN

D'OÙ VIENS-TU
maman !

*Autobiographie
d'une passagère de l'histoire*

Sommaire

Prologue

— Maman, j'ai lu ton bouquin.

Aurore me regarde avec un petit sourire en coin, les yeux embués par une émotion qui déteint sur moi. Je n'ose lui demander ce qu'elle en a pensé.

— Notre arrière-grand-père a vraiment vécu tout ça, mamie ?

Je me tourne vers Gwenaëlle et Loreleï, étonnées.

— Vous l'avez lu aussi ?

Stéphanie rit.

— Maman ! Elles sont trop jeunes ! J'en ai discuté avec elles !

Je pouffe, honteuse de ma bêtise, et me tourne à nouveau vers Aurore, plus courageuse.

— Alors ? Qu'est-ce que tu en as pensé ?

Elle me regarde avec intensité.

— J'ai trouvé ça passionnant. J'ai toujours senti que nous étions une famille exceptionnelle, mais je pensais pas non plus qu'on avait du sang de héros dans nos veines !

Je pivote ensuite vers Christian et Jacques, mes fils, partie pour expliquer que l'héroïsme n'est pas dans le sang mais dans les choix imprévisibles que l'on fait face aux dilemmes de la vie, mais je les vois me sourire, leurs livres serrés contre leur cœur. Je remarque le titre : *Le Belge*.

L'histoire de mon père.

Ils l'ont tous lue.

Un silence plein de tendresse et de sourires nous enveloppe.

— Alors, Maman, me relance Aurore, tu nous dis la vérité su papi ou bien tu nous racontes des histoires, dans ton bouquin ?

— Je n'ai pas menti une seule fois ! fais-je, indignée qu'or puisse me suspecter de malhonnêteté. J'ai mené mon enquête, réun des documents, collecté des témoignages, et la seule part de fictior dans tout ça, c'est la formulation !

Stéphanie lève les mains en signe d'apaisement tandis que le petites éclatent de rire. Je descends de mes grands chevaux. Er réalité, si je suis aussi sensible sur cette question, c'est que c'es un travail de plusieurs années que m'a demandé cet ouvrage. Des années pour découvrir l'homme qu'était mon père.

Des années à marcher patiemment vers lui pour le rencontrer.

Me suspecter de mensonge, c'est salir sa mémoire, injurier mor honnêteté et, quelque part, briser ce lien que j'ai eu tant de mal à établir.

Je me détends. Mes quatre enfants et mes petits-enfants ne son pas mes ennemis. Juste des enfants qui cherchent à mieux connaître leurs racines, savoir d'où ils viennent pour comprendre où ils vont.

— Vous savez que votre grand-père parlait très peu de sor passé, reprends-je avec une légère gêne, inaccoutumée que je suis aux épanchements. J'ai donc dû broder un peu pour me glisser dans son esprit, dans ses réflexions et émotions, et comprendre ses choix, mais tous les faits sont exacts !

Et je suis fière du travail accompli comme du résultat. Ce livre, c'est un peu mon père ressuscité, et c'est moi qui l'ai fait. Un lien fort nous unit, et je sens bien que je ne suis pas sereine face aux jugements portés sur lui. Ce lien qui nous unit me confond avec lui dans les reproches et les doutes qu'on pourrait nourrir à son encontre.

— Papi a vraiment fait quatre guerres ? demande Christian de sa voix admirative, les yeux pleins d'étoiles comme seuls les fils peuvent voir du merveilleux dans les égouts de l'Histoire traversés par leurs pères.

— Oui, mon chéri, lui réponds-je avec un sourire. Mais il n'a combattu vraiment que dans deux d'entre elles. Il était un enfant pendant la Première Guerre mondiale, et nous sommes partis sans combattre quand le Congo a voulu son indépendance. Tu lui ressembles vraiment : même visage, même chevelure et même caractère. Quand je te regarde, j'ai l'impression de voir mon père.

Tout le monde garde le silence un moment, les pièces du puzzle cherchant à trouver leur place dans son cerveau encore plein d'imagination.

— Dire que tu as vécu en Afrique toute ton enfance ! s'exclame Jacques.

J'acquiesce sobrement. Ce ne sont pas des souvenirs que j'aime à évoquer. C'est si loin, entremêlé de tant de douleurs.

— En fait, t'es un peu comme papi, lance Aurore d'un ton taquin qui me fait lui faire face pour savoir où elle veut en venir. Tu nous fais des cachotteries sur ta vie pour nous forcer à poursuivre ton travail de biographe familial en fouillant ton passé quand on sera vieux ?

— T'as vu des tigres en vrai, mamie ? demandent Sarah et Thomas, mes deux autres petits-enfants, qui reviennent du jardin.

La question des petits ricoche sur ma conscience, encore aux prises avec l'accusation masquée de ma cadette.

Je suis comme mon père.

Secrète, renfermée, muette sur mon passé.

Et mes enfants ignorent presque tout de moi. Ils ne connaissent de moi que leur mère.

Mais qui suis-je ? Et que leur raconter ?

— Tu ne voudrais pas faire comme pour papi, Maman ? m'interroge Stéphanie en posant doucement sa main sur mon bras.

Je lève les yeux vers elle, perplexe, tout engluée dans la spirale de mes réflexions.

11

— Tu ne voudrais pas écrire l'histoire de ta vie, comme pour papi, répète-t-elle?

Je la regarde, et quelque chose en moi se serre.

Est-ce ce que j'aurais demandé à mon père, si j'en avais eu le temps? Est-ce que, moi aussi, j'aurais eu les yeux humides et brillants en lui demandant de me raconter son existence?

— Ce serait génial! renchérit Jacques en posant une main tendre sur mon autre épaule. Je suis le seul de tous à l'avoir connu un peu.

Je déglutis, gagnée par l'émotion.

— Oh, oui! supplient mes petits-enfants en sautant d'excitation dans le salon. Raconte-nous comment tu as combattu les lions, les éléphants, les tigres, les crocodiles!

Je souris devant tant d'enthousiasme.

— Tu sais, mamie, me disent-ils soudain avec gravité, nous commençons à lire maintenant. Et quand tu auras écrit ta vie, nous serons fiers de pouvoir lire ton livre!

J'acquiesce à nouveau, au bord des larmes devant tant de motivation et ce chassé-croisé de questions.

— D'accord, conclus-je, la voix enrouée. Mais il faut d'abord que je vous avoue quelque chose, mes chéris.

Ils se redressent et hochent la tête avec un tel sérieux que j'ai envie de rire.

— Il n'y a pas de tigres en Afrique!

Et toute notre petite famille éclate de rire.

**

Après leur départ, dans la grande maison silencieuse, je reste à la fenêtre à contempler la route s'éloigner sous la pluie molle d'octobre.

Par où commencer?

Chapitre 1

Retour en Belgique

Un des premiers souvenirs très nets que j'ai est celui de mon retour en Belgique.

Je me souviens de manière confuse du bruit des balles et de la cavalcade, des cris et de la peur tandis que nous fuyions le Congo, mais je revois nettement l'immense bateau qui devait nous ramener en Belgique, ce pays inconnu et exotique dont on m'avait si peu parlé, mais qui revêtait pour moi l'apparence d'un lieu étrange et lointain, un peu effrayant et excitant à la fois.

Ce paquebot gigantesque, éblouissant de blancheur sous le soleil plombant des tropiques, crachant sa fumée noire dans les embruns de l'Atlantique, a été pour moi l'incarnation fabuleuse de cette nouvelle aventure qui commençait.

Bien qu'effrayée, je suis montée à bord avec l'excitation et la curiosité que doivent ressentir tous les autres enfants de presque sept ans dans pareilles circonstances.

Mon père nous a laissées sur le pont, ma mère et moi, tandis qu'il partait entreposer nos maigres possessions dans la cabine exiguë qui allait devenir notre nouvelle maison pour les deux semaines que durerait le voyage.

Je me rappelle que la corne de brume m'a fait sursauter, et que je me suis serrée contre ma mère, pensant au rugissement furieux de quelque terrible monstre marin. Ma mère a ri — que c'était bon! —, et le bateau titanesque s'est mis à ronronner et à s'ébranler.

Nous nous sommes installées à l'arrière.

Ce n'est qu'en observant l'embouchure du fleuve Congo et les bâtiments blancs et scintillants de Banana rapetisser lentement, en voyant mon pays vert et feu se noyer dans le bleu argenté de l'océan, que j'ai compris que nous ne partions pas à l'aventure.

Nous étions en fuite.

Chassés.

Nous quittions définitivement notre pays.

Comme des intrus.

Je crois que j'ai pleuré, en silence, agrippée à la balustrade. J'ai senti ma mère se serrer contre moi sans rien dire. Quelques instants plus tard, tandis que la terre d'Afrique disparaissait sous les eaux glacées, mon père nous a rejointes. Blottie entre eux, j'ai compris que mon pays, maintenant, serait cette contrée inconnue vers laquelle nous voguions désormais, et que ma seule certitude sur le monde se résumait à ces deux corps qui m'entouraient.

***

Après un voyage de quinze jours en paquebot, nous revenons définitivement en Belgique. Nous sommes fin juillet 1960 et, dans un peu plus de deux mois, j'aurai sept ans.

Je me souviens que la température baissait au fur et à mesure que nous approchions de notre destination, que nous n'avions pas de vêtements adaptés et déambulions avec des couches dépareillées de nos maigres possessions, les couvertures du bateau nous servant de manteaux.

Je me souviens du gris de la mer, du gris du ciel, du gris des villes que nous longions.

Du gris du visage de mes parents.

Nous avons eu la chance de ne pas souffrir du mal de mer sur ce sol mouvant qui ne cessait de vibrer, de se dérober sous nos pas ou de venir cogner trop tôt nos semelles.

Je me souviens que j'avais fini par faire miennes les coursives du navire, et que, avec quelques autres enfants expatriés comme moi, nous nous poursuivions, plongés dans des aventures de pirates, des chasses au lion et autres quêtes joyeuses à travers les entreponts.

Je me souviens que le voyage s'éternisait tant que je perdais de vue les raisons de notre départ comme son objectif.

Mais il fallait bien que cette parenthèse se referme, et nous avons fini par arriver à destination.

***

Dans un premier temps, notre petite famille doit s'installer chez ma tante Maria, ma vraie marraine et sœur de ma mère, à Hoegaarden. Je revois son sourire chaleureux sur le quai, à notre descente, seul rayon de soleil dans la grisaille du jour. Elle sentait bon la rose et la fumée.

Ça m'avait fait tout drôle de remarcher sur un sol qui ne bougeait plus, et je m'étais d'autant plus accrochée à elle que son parfum me consolait un peu de tout ce gris : elle m'aidait à combattre cette sensation de mouvement qui persistait à agiter mon imagination.

Dans le petit village natal de ma mère, je découvre pour la première fois la vie à la campagne et les animaux de la ferme. Moi qui n'ai côtoyé que des animaux du Congo, accoutumée à craindre la piqûre terrible du moustique, l'attaque du singe ou la morsure du serpent, je m'extasie devant ces vaches gigantesques, ces moutons si nombreux et cette basse-cour si bruyante. Ma mère m'explique que je peux m'approcher de ces animaux : ils sont inoffensifs. L'Afrique est loin derrière nous, très loin, et les rigueurs du climat belge ne permettent pas la prolifération des reptiles, des insectes et autres bestioles dangereuses.

Je m'approche du bétail et de la volaille avec prudence, enhardie de voir les bovins indifférents à mes caresses, amusée de constater l'intérêt que je suscite chez les ovins, qui viennent lécher mes mains en me tirant des éclats de rire, ravie de l'envolée caquetante des oiseaux dans le poulailler devant mes courses joyeuses.

Dans la salle à manger de ma marraine, je retrouve avec joie Grogros : un perroquet bien en chair que nous lui avions offert deux ans plus tôt lors d'un retour en congé. L'oiseau est toujours perché sur le dossier de la même vieille chaise. Il nous reconnaît, hoche la tête, se dandine sur le dossier et nous salue en néerlandais. Maman rigole, Papa demande de traduire les paroles du volatile, et moi j'hésite à tendre ma main vers sa tête au bec puissant. Déraciné lui aussi, il semble s'être bien acclimaté à son nouveau pays d'adoption.

Sans me l'avouer jusque-là, je ressens la fin d'une tension qui ne m'avait jamais quittée : la méfiance, l'attention permanente au danger, qui peut survenir de partout et qui pousse les hommes à se soutenir les uns les autres. Ici, il semble que plus rien de menaçant ne puisse m'atteindre, et je retrouve l'insouciance d'une enfance revivifiée.

Mon père ne souhaite qu'une chose : retourner vivre en région liégeoise. Il nous trouve rapidement un logement à Saint-Nicolas, sur les hauteurs de Liège.

Nous nous installons au second étage d'une maison comportant deux appartements : il y a au rez-de-chaussée un corridor commun avec une porte à droite pour nos voisins, un escalier menant au second étage et une porte donnant sur un jardin partagé. Plus de jungle mitoyenne, plus de jardin minuscule, sale et enclos, ni de grand parc impersonnel : ce jardin-ci est de grandeur raisonnable, propre et aéré. Nos voisins du bas, n'ayant pas d'enfant, vont en plus me laisser une totale liberté pour y jouer. Bien que nous soyons proches de la ville, notre rue est calme et peu bruyante. Quelle étrange similitude avec mon premier domicile congolais !

Une fois notre installation terminée, le premier souci de ma mère semble être ma scolarité, et elle reprend avec acharnement ses leçons qu'elle me prodiguait au Congo tandis que l'été s'étire rapidement vers sa fin.

Entre les leçons, je pars à la découverte des environs, mais les regards hostiles des voisins me découragent vite d'aller parcourir les rues, et les autres enfants m'évitent ou me chassent sans que je comprenne pourquoi. Alors je me retire à la maison, aidant Maman aux corvées domestiques, lui cachant mes soucis pour ne pas ajouter à sa peine, que je sens bien présente.

Quelque chose de lourd, un secret chagrin nourri de honte, vient de se loger au plus profond de moi, qui répond à ma mélancolie silencieuse d'avoir été privée de mon pays. Mais je prends exemple sur mes parents et garde pour moi ces tristes pensées qui me minent. Et c'est dans un brouillard gris que se confondent toutes les journées monotones de ce premier été en Belgique.

Aux premiers jours de septembre, ma mère va trouver le directeur de l'école communale, située au bout de notre rue, afin de m'y inscrire. Elle doit lui avouer que ma présence en première année de primaire n'a été que partielle. L'agression de mon père par un Africain, de même que les exactions sans cesse croissantes commises sur les Blancs jusqu'à l'indépendance, nous ont poussés à limiter nos déplacements.

Cependant, avec fierté, elle lui confie qu'elle m'a appris les rudiments du calcul, de l'écriture, de la lecture, et même le maniement du dictionnaire. Elle lui révèle que je suis capable de lire des condensés de livres : *Le Bossu*, de Paul Féval, et *David Copperfield*, de Charles Dickens. Mon problème réside dans mon langage parlé : mes phrases sont largement émaillées de mots en néerlandais, en lingala[1] et kiswahili[2]. Pour terminer cette entrevue, elle lui demande son accord afin de me faire «*sauter*» une année pour rentrer directement en seconde année de primaire.

Bref, elle brosse de moi un portrait à cheval entre la sauvageonne et la surdouée. J'en aurais rougi jusqu'aux oreilles si j'avais été présente, mais, heureusement, je n'ai appris ça d'elle que bien plus tard !

Le directeur n'en croit évidemment pas ses oreilles. Intrigué, il lui demande de me faire venir sans tarder. Mon entrevue avec ce monsieur est courte. J'ai peur de lui, ma connaissance des directeurs d'école se limitant au seul que j'aie rencontré et qui avait couvert les violences d'une enseignante sur une élève, mais je m'efforce à la docilité : je dois faire mes preuves et gagner ma place. Il me fait asseoir dans son bureau, se dirige vers sa bibliothèque, me remet un livre et me demande d'en lire quelques pages à voix haute. J'obtempère, tant il m'impressionne, et j'essaye de me montrer sous mon meilleur jour. C'est ainsi que, pour la première fois, je fais connaissance avec un livre de la Comtesse de Ségur : *Les mémoires d'un âne*.

Apparemment satisfait de ne pas avoir affaire à un ânon, le chef de l'établissement m'autorise l'entrée en seconde année. Au sortir de son bureau, il admet que ma mère a réussi — haut la main — à m'inoculer les virus de la lecture et du goût de la belle littérature.

De cette journée, je n'ai vraiment retenu que la terreur face au regard sévère de cet homme qui me jugeait et la joie de voir la fierté

---

1. Lingala : le lingala est une langue bantoue parlée en République démocratique du Congo et en République du Congo.
2. Les langues swahilies, ou parfois souahélies, sont un groupe de langues bantoues de l'Afrique de l'Est. Parmi ces langues, la plus parlée d'Afrique subsaharienne est le kiswahili qui sert de langue véhiculaire dans une vaste région d'Afrique de l'Est ; elle a été adoptée comme langue nationale au Kenya au Congo Kinshasa et en Ouganda, et comme langue officielle de facto en Tanzanie. Comparé aux langues vernaculaires du groupe swahili, le kiswahili présente des traces de créolisation, ainsi que de nombreux emprunts, notamment à la langue arabe.

de ma mère quand elle a su que j'avais été acceptée. C'est ma mère qui, à force de raconter ces anecdotes, m'a permis de reconstituer le reste de l'entretien.

Le lendemain, je suis affublée d'une nouvelle paire de chaussures à lacets en cuir fauve et d'une mallette de la même teinte. Je ne connais pas cette odeur de peau de vache qui émane de ces étranges vêtements — comme la plupart des effluves de cette ville inconnue dans laquelle je ne reconnais aucun des parfums de mon enfance : ni celui, fort et bon, de la terre humide et chaude, ni celui de l'orage à venir, avec son ozone lourd et vivant, ou celui des charognes et des bêtes, pestilence qui vibre de la vie sauvage qui m'entourait là-bas, ni celui de la jungle et des fleurs, entêtant et gourmand, ou de transpiration des corps au travail. Ici, tout sent la suie, la fumée et l'artifice.

C'est aussi avec regret que je dois habiller mes pieds, moi qui avais l'habitude de courir pieds nus ou en sandalettes. Je me sens engoncée, écrasée, étouffée, déguisée, et je remue sans cesse mes orteils pour y faire circuler le sang et chasser l'engourdissement qui les menace perpétuellement dans l'immobilité contrainte de ces étuis étroits.

C'est donc en fleurant le cuir que je fais mon apparition dans ma nouvelle classe. Ce premier jour d'école, je me souviens que je me sentais tour à tour glacée de peur et brûlante de trac. Comme une orpheline, je voyais mes repères disparaître les uns après les autres, leur souvenir se confondre dans un brouillard nostalgique. Les regards réprobateurs et les attitudes rébarbatives du voisinage à mon encontre me faisaient appréhender un accueil difficile, et je m'en épouvantais vaguement à l'avance.

Pourtant, malgré mes craintes, ma première journée à l'école se passe bien, même si les enfants m'évitent, et que la maîtresse ne m'interroge pas, mais c'est la seconde, par contre, qui est catastrophique. J'ai le malheur de m'exprimer en swahili, par réflexe, sans penser à mal. Cela me vaut immédiatement une pluie d'insultes sous laquelle je m'efforce de ne pas me recroqueviller de honte et de chagrin.

Tous mes camarades de classe me traitent de «*bamboula*[3]» et m'exhortent à retourner dans mon cocotier. Outrée, l'institutrice ramène un semblant de calme et me permet de souffler un peu. Cette dernière leur explique que les mots racistes n'ont pas leur place dans la classe : elle les gratifie d'une punition. Mais les gros mots sont bien vite remplacés par «*négresse*», appellation qui, pour plus banale et admise, n'en recèle pas moins tout leur mépris et une haine inexplicable, mais implacable.

Dans un monde où la ségrégation est la norme plus que la fraternité, les enfants suivent l'exemple donné par leurs parents, et, malgré la diversité des individus venus de tous horizons travailler aux charbonnages de Saint-Nicolas, c'est la défiance et le mépris qui dominent alors les rapports entre les peuples.

Pour eux, j'ai beau être blanche et mes parents belges, je peux bien parler comme eux et avoir un nom de la même culture que les leurs, mon patois mâtiné d'africain me rejette inévitablement dans la catégorie des créoles. Ces derniers semblent être des parias qui tiennent autant du sous-homme presque sauvage venu de loin que de l'esclavagiste immonde issu des colonies noires controversées du roi Léopold II.

C'est donc une haine dure et profonde, douloureuse, qu'il me faut subir et ignorer. Et c'est d'autant plus difficile et éprouvant que je n'y comprends rien, que je n'ai pas le début du commencement d'un mot pour penser ce ban auquel je suis si violemment et cruellement mise. Je suis désemparée, mais je tâche de tenir bon. Pour mes parents qui s'évertuent aussi à faire front avec persévérance et courage — je le vois bien à leurs sourires fatigués et à leurs paroles rares, à leur joie forcée. Mais c'est dur. Et je me souviens que mon oreiller a souvent

---

3. Bamboula : insulte raciste utilisée par les Blancs contre les Noirs, et dérivés du nom du tam-tam africain.

dû épancher les marées de larmes silencieuses qui m'assaillaient dans la solitude de mes nuits. Quelques jours plus tard, l'affaire s'aggrave avec la venue d'un petit Italien. Les élèves le traitent de sobriquets peu flatteurs faisant référence à des pâtes. La peine que j'éprouve en le voyant ainsi attaqué redouble la mienne, et je manque pleurer plusieurs fois, avec l'envie de me jeter dans les bras de ma mère pour me réconforter le soir venu ; mais je m'efforce d'endurer stoïquement, car mes parents ont déjà leurs soucis, et j'estime devoir faire face aux miens. Le Directeur, averti, vient heureusement faire un sermon et promet de sévères punitions en cas de récidive. Cependant, ces conduites inqualifiables se déplacent dans la cour, aux heures de récréation, avec la sournoiserie discrète et lâche des haines collectives. Je connaissais cette rage raciste qui pouvait transformer un homme en prédateur sans pitié.

J'avais en effet déjà assisté, à Léopoldville, à une scène d'une extrême violence de la part d'une institutrice belge envers une élève africaine. Cela m'avait profondément marquée. D'autant plus que, violentée à mon tour, j'avais obtenu partiellement réparation après le scandale fait par mon père, au contraire de cette autochtone qui n'avait jamais reparu.

Deux poids, deux mesures.

De peur d'être à nouveau molestée, j'avais évité d'approcher les sœurs. Mais des cicatrices me restent comme un souvenir indélébile.

Mais ici, ce n'est plus une personne seule qui fait régner la terreur sur un groupe ou un individu : c'est un groupe entier qui se ligue contre quelques-uns. Ces incidents m'interpellent et me révoltent. À leurs yeux, je ne suis qu'une Africaine déguisée en Belge, alors que j'étais en Afrique une Européenne. Quant à moi, je me sens déracinée, comme une immigrée qui a dû abandonner son pays natal en guerre — pourtant, mes parents m'ont expliqué que la Belgique est mon pays.

Alors, pourquoi la Belgique ne veut-elle pas de moi ?

À la maison, un soir que le chagrin est trop lourd à supporter, je finis par mettre ma mère au courant : elle crie aussitôt au scandale et fulmine contre la méchanceté enfantine et le manque de savoir-vivre. Mon père, plus tempéré, me conseille de ne pas prêter attention à tout cela. Selon lui, la malveillance, le racisme, ainsi que d'autres abominations, font partie de l'homme depuis la nuit des temps, et je dois en prendre mon parti. Il avait raison : j'allais connaître le harcèlement scolaire durant une bonne partie de mes études.

Chapitre 2
Le patronage

Ma mère, redoutant que ces joutes verbales scolaires aient un impact négatif sur mon comportement, se met en quête d'une solution. Grande dévote, elle se rend au couvent de notre paroisse afin de m'inscrire au patronage. Elle estime que rencontrer tous les samedis après-midi d'autres enfants plus respectueux me serait bénéfique.

Je ne suis pas loin moi non plus d'espérer une accalmie et un répit, voire peut-être des amis, car ces amis que je me ferais pourraient ensuite constituer une planche de salut dans la cour de l'école, ce précieux sésame qui me civiliserait aux yeux des autres enfants. Mais je n'ose espérer complètement, notamment parce que l'une des plus grandes injustices que j'aie eu à subir était le fait d'une religieuse.

Ce petit couvent, situé rue Cour Saint-Gilles, à Saint-Nicolas, est abrité à l'ombre d'une église romane. Il comporte également un bâtiment servant d'école primaire — peut-être la solution à tous mes problèmes. L'entrevue avec la mère supérieure est concluante. Maman peut m'inscrire et reçoit mon futur uniforme : une jupe bleu marine, un chemisier vert mousse et une cravate jaune canari. Très étrange accoutrement qui me rappelle les perroquets au Congo, et que je suis ravie de porter. Dans la foulée, elle nous inscrit dans la chorale paroissiale, dont les répétitions ont lieu le jeudi soir. C'est donc sous bonne garde que je vais apprendre à chanter des cantiques et exercer mon art lors des messes dominicales, mais je me réjouis de passer du temps avec ma mère.

Je me rappelle cette journée d'automne où je fais ma seconde rentrée belge. Il fait frisquet en ce dernier samedi après-midi de fin septembre 1960. Un vent sournois fait voler les feuilles mortes, soulève ma jupe et me pique les jambes. Dans mon nouvel uniforme, j'ai l'impression d'être un oiseau exotique dont le vent ébouriffe les plumes : pleine de couleurs au milieu de la grisaille, pleine d'espoirs au milieu des menaces, le cœur battant et les joues rougies par le froid et l'anxiété.

Depuis notre retour, nous n'avons plus de voiture. Le trajet est donc long entre notre maison et l'église. Durant ce temps, ma mère en profite pour me prodiguer mille recommandations afin que mon intégration au patronage se passe au mieux — ce qui, loin de me rassurer, me donne au contraire l'impression d'entrer dans un monde complexe où l'erreur peut se glisser sous chacun de mes pas, derrière chacun de mes mots. Ma vie de Manon des brousses, pieds nus et cheveux au vent, semble bel et bien terminée. Il me faut rentrer dans le rang d'un pays dit «*civilisé*», plein de contraintes, où les gens semblent être intolérants, à la vue étroite et au cœur plus mesquin encore. Elle m'exhorte aussi à tourner ma langue sept fois dans ma bouche avant de parler. Elle m'explique également, d'une façon détournée, d'oublier le swahili. Mais comment me débarrasser si rapidement d'une habitude, d'une culture qui me constitue et fait intimement partie de ce que je suis, de ma chair comme de mon identité ? Comment survivre et avancer quand je suis sommée de disparaître, de me fondre dans une masse qui ne veut pas de moi ?

Je crains que cette autre école soit une nouvelle occasion d'échec. Encore une source de souffrance et de déception.

Arrivées devant l'école, nous rentrons dans une cour, longeons le bâtiment par la droite et arrivons devant une porte vitrée. Je me rappelle que ma mère a regardé par le carreau et m'a invitée à faire de même. Avec appréhension, je m'exécute. À l'intérieur de ce qui semble être une petite salle de gymnastique, une sœur joue de la guitare. Elle est accompagnée par une dizaine de jeunes filles qui jouent en même temps qu'elle. Ces dernières sont assises sur des bancs de bois disposés en U. Je tombe visiblement sur ce qui semble être un cours de guitare.

— C'est sœur Agnès. Tu verras : elle est gentille et compréhensive. Évite quand même de te faire remarquer !

La voix de ma mère semble aussi tendue que je le suis, mais j'ai comme elle envie que ça marche, et j'acquiesce. Ma mère frappe au carreau ; la sœur se tourne et nous fait signe d'entrer. Les enfants se lèvent. Ma mère fait quelques pas, me pousse dans le dos pour me faire avancer, et puis disparaît à pas feutrés, me laissant figée et tremblante — mais je tiens bon. Si ma mère me laisse seule au milieu de ce qui me semble être une arène, c'est qu'elle doit faire confiance à cette personne. Je regarde en premier lieu si cette sœur porte une ceinture cloutée à la taille. Je suis soulagée en voyant qu'elle n'en a pas. Je ne revivrai pas les sévices subis dans le passé. Sœur Agnès est une jeune et belle femme au sourire lumineux ; je me détends un peu et lui réponds en souriant. Elle me présente à la petite assemblée, puis invite tout le monde à s'asseoir. Se tournant vers moi, elle m'adresse un sourire chaleureux et me dit d'une voix douce :

— Quitter son pays natal doit être quelque chose de douloureux. Te plais-tu en Belgique ?

Sous le coup d'une émotion puissante et d'un sentiment de grande solitude, face à cette sollicitude inédite, après tant de contrôle et de frustration, de chagrin contenu et de colères rentrées, les recommandations de ma mère s'envolent de ma mémoire, et j'oublie de tourner ma langue sept fois dans ma bouche.

— Non, il fait froid ici ! Je préférerais jouer en kapitula[4] sur ma barza[5], avec mes bintu[6], ou chercher des timbres dans la touque[7] du bureau de Papa, celle qui sert de corbeille à papiers.

À ces mots, une fillette se lève et s'avance vers moi en dardant ses grands yeux sombres sur moi. Elle porte de longs cheveux noirs et s'appelle Noëlla. J'apprendrai plus tard qu'elle est étrangère, comme moi, mais une Italienne. J'ai d'abord un mouvement de recul, prête à fuir plutôt que de me voir, à nouveau, traitée de noms d'oiseaux. Mais, contre toute attente, d'une voix douce, la fillette me demande :

— Irène, mais d'où viens-tu ?

Sa curiosité a l'air sincère, et son sourire me rassure. Elle a les yeux brillants. Sœur Agnès se tourne alors vers moi et dit :

— Le Congo doit être une contrée magnifique ! Tu veux bien nous faire découvrir ? Raconte-nous ta vie là-bas : nous avons hâte de t'écouter ! Pense à nous traduire les mots congolais que tu utilises, par contre, parce qu'on ne les comprend pas.

Trop heureuse de ne pas avoir été dénigrée, attaquée, insultée, et surtout de les voir s'intéresser, je me sens rosir de plaisir. Je sens que, à Sœur Agnès, je pourrais bien faire confiance et lui raconter ce que cette autre sœur institutrice nous faisait là-bas. Je m'assieds au milieu d'elles et les regarde, intimidée. Mais, rassurée par leurs visages amicaux et intéressés, je prends une profonde inspiration et leur conte mes aventures congolaises.

---

4. Kapitula : sorte de short ou de bermuda.
5. Barza : terrasse couverte.
6. Bintu : affaires.
7. Touque : fût de carburant, ici utilisé comme récipient pour bureau.

Mon baptême, mon parrain et ma marraine ouvrent la marche

Chapitre 3
Ma naissance

Je ne sais d'abord pas par quoi commencer mon récit et prends le temps de la réflexion. Les autres enfants et Sœur Agnès m'attendent silencieusement et patiemment tandis que je me remémore ce que m'ont appris mes parents.

Ma mère m'a raconté que je suis née à Léopoldville, la capitale de notre colonie congolaise. La clinique où j'ai vu le jour était située à Kalina, le quartier administratif de la ville. Cette clinique était aussi belle que celles qui se trouvent en Belgique : elle était toute blanche à l'extérieur, très lumineuse à l'intérieur, et entourée d'un magnifique parc.

Avant son accouchement, ma mère travaillait dans un dispensaire catholique de Léopoldville : elle y officiait en tant que sage-femme, et il lui arrivait d'aller en brousse pour assister des Africaines lors d'accouchements pénibles. Quant à mon père, il travaillait comme conducteur de travaux sur des chantiers.

Lorsque ma mère a accouché, on a décelé chez elle un cancer de l'utérus à un stade avancé. On a traité sa tumeur en lui appliquant du radium en barres. Ce traitement est dangereux : il est néfaste pour la santé. Deux infirmières, ses amies, n'ont pas mis de gants pour la soigner ni de tablier de plomb pour se protéger. Elles risquaient de tomber gravement malades.

Malgré son état de santé alarmant, ma mère a décidé de me faire baptiser. Mon père m'a choisi comme parrain un ami originaire de Dinant, en Belgique. Il avait deux enfants bien plus âgés que moi. Il travaillait comme employé à la Grand-Poste, dans le centre-ville. Ma mère a désigné sa sœur Maria comme marraine. Elle habitait à Hoegaarden ; la Belgique étant loin, mes parents ont choisi l'épouse de mon parrain comme marraine de substitution.

Dans les jours qui ont suivi ma venue au jour, on m'a baptisée dans la chapelle de la clinique. C'est là que j'ai fait la connaissance de mon parrain et de ma marraine de remplacement. C'était du bonheur pour mes parents, mais surtout pour mon père, qui souhaitait une petite fille.

Mon père m'a expliqué que ma mère était trop faible pour me nourrir. Avec tristesse, elle m'a vue partir pour rejoindre le service de pédiatrie de l'hôpital. Là, on m'a donné des biberons de lait en poudre. Comme je ne supportais pas ce lait, on a changé plusieurs fois de marque, mais rien n'y a fait. Mon estomac a refusé de garder le lait déshydraté. Mon père a décidé alors de me mettre en nourrice chez une Africaine. Mais mes problèmes d'estomac persistaient : je rendais le lait de cette mère de substitution.

Au bord de la déshydratation, les médecins de la clinique, impuissants à soigner ce problème de santé, ont pris la douloureuse décision de m'envoyer en Belgique par avion sanitaire et de me faire soigner dans la clinique de Tirlemont. Ce nouveau malheur a profondément affecté mes parents. Mon père s'est retrouvé avec une épouse gravement malade et un enfant à l'article de la mort. Ma mère, quant à elle, ne savait pas si elle allait survivre, ne savait pas non plus si j'allais m'en sortir. Elle craignait de mourir sans jamais revoir sa fille. Moi, heureusement, j'étais trop petite pour me rendre compte de cette triste situation, mais on m'a raconté : mes parents ont dû connaître de terribles moments d'angoisse.

C'est donc près du village natal de ma mère, en Belgique, que j'ai été soignée pour de graves problèmes d'estomac. J'avais la chance d'avoir à mes côtés toute la famille de Maman, dont sa sœur Maria, ma vraie marraine. Choyée et gâtée par les infirmières et les médecins, je suis rapidement devenue la mascotte de l'hôpital, à ce qu'on m'a dit. Tout ce petit monde me soignait pourtant à coup de piqûres, le seul traitement qui me convenait. On m'a aidée à réapprendre à manger, à marcher et, bien entendu, à parler le néerlandais.

Par bonheur, ma mère a survécu à sa thérapie et suivi mon évolution grâce aux nombreuses photos envoyées par sa famille. Près de trois ans et trois mille piqûres plus tard, le médecin-chef de la clinique a signé mon autorisation de sortie : je pouvais retourner dans mon pays natal.

Mes parents ont reçu un congé exceptionnel afin de faire un aller-retour pour venir me chercher. À l'hôpital, d'après ce que ma marraine m'a confié, c'était la tragédie. Les infirmières pleuraient, et je refusais d'en quitter une qui, pour moi, était ma vraie mère. Maman, attristée, m'a prise de force pour m'embrasser. Elle avait tant espéré ce moment ! Mais c'était vers mon infirmière préférée que je tendais les bras en lui demandant de ne pas m'abandonner. Mon père m'a aussi prise dans ses bras, mais c'était vers mes oncles et mes tantes que se dirigeait mon regard. Je cherchais du soutien là où je pouvais, mes yeux lançant un appel au secours ! Ces retrouvailles, qui devaient être gaies, n'avaient au final été que peine et incompréhension.

Ma mère, attristée et fâchée à la fois par cette situation, tentait de faire bonne figure. Mon père lui avait expliqué que j'étais restée longtemps auprès du personnel soignant, et que cela avait créé des liens : j'avais besoin d'une période d'adaptation avant de revenir à une vie familiale normale. Mais j'imagine à quel point ça a dû être dur pour elle. Si j'avais dû traverser cette épreuve avec mes propres enfants, je ne sais pas comment j'aurais réagi ; je crois que je serais devenue folle.

Pour me consoler, mes parents m'ont acheté une poussette en fer toute rouge avec de larges garde-boue en acier chromé. C'était la Rolls Royce des poussettes, et on m'a dit que j'ai vite remplacé les pleurs par de grands éclats de rire devant les manières de pilote de course de mon père. Je suppose que ça a dû mettre du baume au cœur fatigué de ma mère.

C'est donc dans le froid d'un hiver belge que, assise dans mon nouveau véhicule, je suis allée dire au revoir aux voisins du village de Maman, à ma famille, ainsi qu'au meunier, mon grand-père maternel. À Bruxelles, j'ai reçu les vaccins inévitables — fièvre jaune, typhus —, et j'ai passé une visite médicale obligatoire complète. Il paraît que j'ai encore beaucoup pleuré, mais je me suis résignée à suivre mes nouveaux parents — les vrais, que je découvrais.

À Melsbroek, nous avons embarqué dans un avion vers l'Afrique. Après de nombreux adieux larmoyants, je me suis endormie, épuisée, dans un hamac, en réalité juste un filet suspendu au-dessus des sièges passagers de mes parents. Je partais bouleversée avec des personnes qui m'étaient étrangères en laissant du personnel médical et une famille dans la tristesse. Du haut de ma couche, je regardais à la dérobée les visages de mes parents, cherchant des expressions de compassion. Lorsqu'ils ont levé les yeux vers moi, j'ai pu lire de l'affection et de la tendresse dans leurs regards. Rassurée, j'ai pensé qu'il me faudrait du temps pour mieux les connaître, me rapprocher d'eux et leur accorder ma confiance, mais que ça irait.

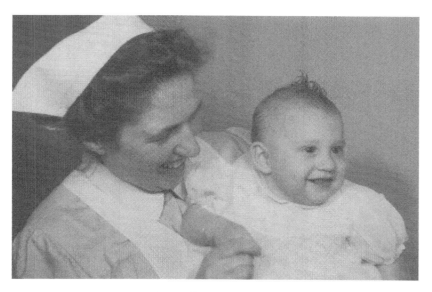

Mon infirmière préférée

Chapitre 4
Léopoldville

Arrivé à Léopoldville, ma mère m'a habillée d'une nouvelle petite robe blanche légère. Cela ne m'a pas empêchée de sentir une chaleur lourde et humide me tomber sur le dos.

Et c'est par ça que je commence mon récit à mes nouveaux camarades et à Sœur Agnès : par ce climat congolais qui avait paru si suffocant à l'Occidentale que j'étais à l'époque, et qui semble désormais si accueillant pour la Congolaise que je suis devenue, maintenant que je me retrouve glacée par la météo belge et sa froideur annonciatrice d'un hiver rigoureux. Je suis d'abord agréablement surprise par leurs yeux brillants d'attention, mais j'oublie bientôt leur présence tandis que les souvenirs prennent corps dans mon esprit et que je cherche les mots qui traduiront ces images et sensations.

C'est en taxi que nous avons rejoint notre domicile. Par la vitre du véhicule, j'apercevais de nouveaux paysages : un cadre grandiose, totalement différent de la Belgique, avec sa nature sauvage et infinie derrière des constructions foisonnantes éclaboussées de soleil, ainsi qu'un peuple inconnu, largement composé d'hommes, de femmes et d'enfants à la peau noire comme le charbon, mais aux habits colorés comme pour un carnaval — je n'avais jamais vu ça ! Des forêts et des étendues herbeuses défilaient sous mes yeux. En approchant du centre-ville de Léopoldville, de belles et modernes constructions apparaissaient, signes que la cité coloniale devait être une copie conforme d'une ville de la métropole. Rapidement, nous avons parcouru le boulevard Albert I — désormais renommé boulevard du 30 juin en l'honneur de l'indépendance du pays en 1960. C'était le cœur de la ville européenne. L'avenue était large et bordée d'arbres. Les magasins y étaient nombreux et variés. Pour moi qui, au final, n'avais connu toute ma petite vie d'enfant que l'hôpital, pour ainsi dire, j'étais subjuguée par l'immensité et la variété du monde. Ensuite, la voiture a emprunté l'avenue Joséphine Charlotte. Le véhicule s'est éloigné peu à peu du centre ; les belles maisons ont fait place à des terrains en friche, probablement destinés à de nouvelles constructions. Au bout d'un moment, la voiture a quitté l'avenue, tourné à droite, et elle s'est engagée sur une route bien moins jolie que celles menant au centre. Ma mère m'a dit que nous entrions sur la route du camp militaire, et ce nom mystérieux, qui ne faisait pas réellement sens pour moi, est venu nourrir une impression d'exotisme et d'émerveillement qui me faisait déjà oublier mon chagrin d'avoir quitté la Belgique. Sur la gauche, je voyais des cultures de canne à sucre et d'arachides. Soudain, ces cultures ont fait place à une immense plaine désolée. À l'horizon, j'ai aperçu des bâtiments : nous commencions à longer le camp militaire Léopold II. Sur la droite de la route, j'ai pu observer de vastes terrains clôturés de haies vives et fleuries qui poussaient en désordre. Par-dessus ces haies émergeaient des bâtiments. Il me semblait que ce côté de la route était réservé à un zoning où défilaient en bon ordre des entreprises diverses. Cela me donnait un petit aperçu des activités de la ville en dehors des commerces, des industries et des constructions navales. Ma rêverie s'est arrêtée lorsque la voiture s'est engagée sur l'un de ces terrains. Mes parents m'ont signifié que nous étions arrivés.

Et là, quelle déception !

Devant nous, sur la droite du terrain, se trouvaient quelques bureaux en préfabriqué, alignés les uns à côté des autres le long d'une clôture. Devant ces bureaux couraient les rails d'une voie de chemin de fer envahie de mauvaises herbes qui me semblait désaffectée. Le fond du terrain était tapissé de hangars en tôle de fer ouverts sur l'avant. Le centre du lieu, ainsi qu'une partie du côté gauche, étaient envahis de tuyaux de béton entassés les uns sur les autres et formant de nombreuses petites pyramides. Sur ma droite se profilait également un long bâtiment blanc en béton, pourvu de nombreuses portes et fenêtres au rez-de-chaussée et d'une série de fenêtres à l'étage. Devant ce bâtiment se trouvait une vaste pelouse ornée de quelques palmiers. Après avoir franchi l'entrée, nous nous sommes engagés sur un parking recouvert de gravier qui se situait juste devant la pelouse.

La voiture s'était garée parmi d'autres véhicules : de belles américaines décapotables dont les chromes brillaient de mille feux. Papa a payé le chauffeur, est sorti de la voiture, a saisi nos bagages dans le coffre, ainsi que ma poussette rouge. Une fois le taxi parti, nous avons emprunté un petit sentier qui se dirigeait vers l'extrême droite du bâtiment. Maman m'a montré une fenêtre à l'étage. C'était là que se trouvait notre appartement.

Je ne disais rien pour ne pas montrer ma déception, mais j'étais aussi intimidée par tant d'étrangeté.

Avant de monter à l'étage, Papa m'a fait faire le tour du propriétaire. Après avoir franchi une porte d'entrée, nous avons suivi un corridor. Sur la droite, nous sommes passés devant une porte, celle de l'appartement du rez-de-chaussée. Ensuite, nous avons longé un escalier, celui qui menait au palier de notre appartement à l'étage. Au fond du corridor, Papa a ouvert une porte qui donnait sur un jardin clôturé de tous les côtés d'un treillis d'un mètre de haut. Ce jardin, commun aux deux appartements, était tout simplement horrible !

J'étais passée devant des paysages grandioses ! Je me souviens que la petitesse de ce jardin m'a déroutée et déçue. Il devait faire dix mètres de large sur à peine dix mètres de long ! J'en ai rapidement fait le tour : il n'y avait pas de pelouse — le chiendent avait tout envahi —, et des jouets noircis par les intempéries, ainsi que d'autres objets méconnaissables, jonchaient le sol. Ils avaient probablement été abandonnés par d'anciens locataires. Sur la droite, la clôture effleurait des tuyaux de béton. Sur ma gauche, je voyais d'autres jardins, identiques au nôtre, qui se succédaient jusqu'à la haie de la route du camp. Au fond, le treillis contenait difficilement une forêt tropicale exubérante. Il me suffisait de tendre mes mains au-dessus de la clôture pour pouvoir toucher les feuilles des arbres. Je trouvais étrange la présence de cette fascinante forêt exotique à l'aplomb d'un petit bout de terrain insignifiant. Ma mère m'a assuré que nos voisins du bas étaient toujours partis, et que je pourrais bénéficier de ce jardin pour moi toute seule.

J'ai essayé de ne pas lui montrer mon désappointement face à ce trop petit espace de jeu, peu engageant, sombre, car coincé entre un haut bâtiment et un bois dont la canopée empêchait la lumière du jour de pointer le bout du nez. Avant de quitter ce lieu, Maman m'a indiqué du doigt notre minuscule barza à l'étage : une terrasse couverte tellement petite qu'il m'a semblé difficile de nous y tenir à trois.

J'avais la gorge serrée, et je ne disais rien, suivant sans commenter, sans répondre, sans réagir. Je ne m'en sentais pas la force. Seule la forêt, cette jungle exotique et fascinante, m'offrait une perspective aventureuse qui m'enthousiasmait. Pour le reste, je regrettais mon plat pays.

Ensuite, nous sommes retournés dans le corridor. Papa a déposé ma poussette au pied de l'escalier avant de monter à l'étage. Les escaliers étaient en béton recouvert d'un carrelage jaunâtre contenant des éclats de marbre. À l'étage, une porte de couleur acajou nous attendait. Papa a ouvert, et nous sommes entrés. L'appartement était à la mesure du jardin : extrêmement petit. Il comportait une cuisine étroite, une salle de bain étouffante, de minuscules W.C., deux chambres étriquées et une pièce à vivre, à peine plus grande que ma chambre d'hôpital, et dont la fenêtre réduite donnait sur la pelouse de l'entrée. Ma chambre comportait un lit, une garde-robe, une table de nuit, une minuscule table et une fenêtre avec vue sur une marée de tuyaux de béton. Dans la pièce à vivre, j'ai fait la connaissance d'un perroquet sur un perchoir : un gris du Gabon. L'oiseau ne m'a même pas regardée : pour lui aussi, j'étais une étrangère. Malgré mon enthousiasme devant cet oiseau exotique, je me souviens m'être sentie si blessée que je me suis juré de ne pas en faire mon compagnon de jeu.

Mon père m'a alors expliqué que ce long bâtiment, habité par des familles belges, comportait des appartements qui bénéficiaient, par groupe de deux, d'une porte d'entrée, d'un hall d'entrée et d'un jardin en commun. Il s'est également empressé de me dire que d'autres enfants habitaient ici, et qu'ils deviendraient bientôt mes amis. Il a continué en me disant que le nom de ce lieu était *La Parcelle*, et qu'il était responsable de la fabrication des tuyaux de béton et de leur séchage. Ces tuyaux étaient des conduites d'égouts. Sous le soleil tropical, le béton séchait très vite. Il devait veiller à l'arrosage régulier des cylindres afin qu'ils sèchent dans les meilleures conditions.

Maman a renchéri que, contrairement à d'autres coloniaux, nous étions chanceux. L'appartement ne nous appartenait pas : il avait été mis à notre disposition par la société dans laquelle mon père travaillait. Nous avions l'eau, l'électricité, des ventilateurs dans toutes les pièces, des moustiquaires aux portes et aux fenêtres, et nous n'avions pas besoin de moustiquaires en ciel de lit. Elle a vanté les services d'hygiène de la ville qui avaient su éradiquer, jusque dans *La Parcelle*, les moustiques porteurs de la malaria. Elle m'a tout de même déconseillé de sortir sur la barza à la tombée de la nuit, afin de ne pas attirer avec notre lampe tempête quelques moustiques ayant survécu à ces campagnes d'éradication, de même que tout autre insecte indésirable.

Ainsi, si je ne mourais pas d'ennui, je me ferais vider de mon sang par des moustiques monstrueux porteurs de maladies. Formidable.

Après cette journée éprouvante, mes parents m'ont invitée à me laver, à me restaurer et à aller dormir. Je me souviens avoir longtemps pleuré avant de m'endormir. Je ne me voyais pas vivre ni jouer dans cet endroit étriqué, sale et triste à souhait. Ma chambre et le joli jardin de ma clinique, tout comme les infirmières, me manquaient terriblement. Face à ces grands changements d'habitudes, je préférais ne pas montrer mes sentiments et m'enterrer dans un mutisme profond.

Face à mes nouvelles camarades et sœurs Agnès, tout sourire et attentives, je ne dis pas tout de mes angoisses, de mes peines et de mes espoirs, mais ce que je ne dis pas me revient en mémoire tandis que je raconte, enrobant dans mon esprit les petites pépites de souvenir que j'éprouve tant de plaisir à partager d'un épais manteau de nostalgie.

En me racontant, je prends conscience de mon parcours plus nettement que jamais.

De nombreux rouleaux de béton dans La Parcelle

Chapitre 5
Une nouvelle vie

Le lendemain, au lever du jour, j'ai entendu du bruit. Je me suis réveillée, complètement désorientée : je ne reconnaissais pas la chambre encombrée de meubles comme un débarras, et je ne savais plus où j'étais. J'ai eu la bonne intuition de me retenir d'appeler les infirmières, et, prenant mon courage à deux mains, je me suis levée. C'est là que je me suis rappelé : mes nouveaux parents, le voyage, le Congo.

Et ma nouvelle chambre.

Ma nouvelle vie.

À nouveau, des tintements métalliques et des raclements me sont parvenus ; j'ai entrouvert prudemment la porte : ils provenaient de la cuisine. Je m'y suis dirigée à l'oreille. Mon père s'apprêtait à aller travailler. Il portait des bottines, des bas, un drôle de short que j'apprendrais à appeler kapitula, et une chemise à manches courtes. Sur la table trônait un casque colonial. Je me suis étonnée de le voir si matinal et affublé d'un déguisement étrange. Il m'a expliqué qu'il portait cette tenue uniquement pour aller travailler ; le reste du temps, il s'habillait normalement. Selon lui, j'étais désorientée comme les nouveaux arrivés dans la colonie, mais je m'habituerais bien vite à ma nouvelle vie et aux langues locales. Il m'a dit aussi qu'ici le jour se levait vers six heures et se couchait vers dix-huit heures, et qu'il fallait commencer le travail tôt afin de bénéficier de la fraîcheur matinale. Il a ajouté qu'il reviendrait vers douze heures, avant que la chaleur ne devienne trop incommodante. Avant de fermer la porte derrière lui, il a promis de me montrer, avant le coucher du soleil, comment il humidifiait les cylindres de béton, puis il m'a enjoint de retourner au lit.

Bizarrement, alors que tout ça renforçait mon impression désespérante que ma vie était finie, puisque je ne reverrais plus ma Belgique, ce tête-à-tête avec cet homme qui était mon père me donna aussi le sentiment d'être une grande personne ; et la perspective d'aller découvrir de nouveaux espaces, des objets mystérieux, a contribué à me redonner mon enthousiasme perdu. Aussi me suis-je recouchée sans faire d'histoires, laissant un sommeil plus paisible s'emparer de moi, pleine de bribes d'images captées la veille, mais que je regardais désormais, dans mon endormissement, avec moins de répulsion.

Vers huit heures, Maman est venue me réveiller et m'a invitée à venir prendre mon petit-déjeuner. J'étais un peu engluée dans cette somnolence visqueuse des seconds réveils, forcés, qui viennent brutalement heurter le train poussif de nos rêves, mais j'ai reconnu les lieux et l'ai suivie.

Sur la table du salon, elle a disposé des aliments : du pain grillé, du beurre, des œufs, des boîtes de marmelade, de confiture, de fromage, et j'ai réalisé que je mourais de faim ! Mais elle a saisi un bol comportant une étrange mixture — une purée brune peu appétissante —, et l'a glissé devant moi. Elle m'a invitée à prendre ma cuillère et à goûter. J'ai lorgné du côté des bonnes choses que je convoitais, mais qu'elle ne me proposait pas, puis je me suis pliée à sa volonté. La saveur ne me convenait pas, et je me suis mise à touiller machinalement le contenu de mon assiette. Elle m'a demandé de ne pas chipoter avec ma nourriture, et de cesser d'en faire du poto-

poto[8]. Je lui ai demandé ce que c'était. Elle m'a expliqué que le mot poto-poto signifiait de la boue. Et que la caractéristique de la boue congolaise était d'être rougeâtre, car la terre contenait de la latérite. J'ai souri de l'idée et de ce joli mot, un peu plus dégoûtée cependant qu'avant, mais ce qu'elle m'avait servi était du gruau d'avoine *Quaker* : des grains d'avoine débarrassés de leur enveloppe, réchauffés avec du lait en poudre. Elle m'a expliqué que ces derniers me seraient servis tous les matins, car ils se conservaient bien et possédaient de nombreux bienfaits nutritionnels.

Et le pain, alors ? Le beurre ? La marmelade ? J'ai décidé de ne pas faire de scandale, mais la nouvelle ne m'enchantait guère. Heureusement que j'ai pu goûter ces denrées aux autres repas !

Le petit-déjeuner terminé, elle m'emmènerait faire un tour sur la pelouse devant le bâtiment avant de nous diriger vers l'entrée de *La Parcelle* pour aller nous promener sur la route du camp. Cette perspective m'excita, et je me préparai en deux temps, trois mouvements. Nous avons longé des haies de bougainvilliers au pied desquelles poussaient des fleurs colorées : des dahlias, des tagètes et des cannas rouges. Enfin, je rencontrais le pays, je me faisais percuter par les senteurs, les couleurs, et j'en étais toute fébrile ! Je me rappelle avoir plongé mon visage dans les bougainvilliers pour mieux respirer leur parfum, et que le rire de ma mère m'a mise en joie, jetant les bases d'une première complicité qui me réjouissait davantage encore. Ensuite, nous avons traversé la route et sommes entrées par une brèche dans la clôture dans le champ de manœuvre du camp militaire. La plaine était immense, plane ; les herbes y étaient courtes. En dehors de quelques hautes termitières, il n'y avait pas de bâtiments proches, et il n'y avait pas âme qui vive. C'était décevant, car ce nom mystérieux de camp militaire me laissait imaginer quelque chose de plus singulier, de plus impressionnant, de plus dangereux qu'une simple pelouse. Nous nous sommes assises sur le

---

8. Poto-poto : compote, boue.

sol, et j'ai rassemblé mes poupées sur mes genoux pour jouer avec elles; ma mère m'a accompagnée dans mes jeux, et je me souviens d'avoir été toute gaie de cette compagnie, alors nous avons profité de ces moments de quiétude ponctués par le bruit de camions entrant et sortant d'une brasserie proche.

Peu avant midi, nous sommes sorties de ce qui m'avait semblé être un vide gigantesque et oppressant — avant de devenir un espace de complicité avec ma nouvelle mère — pour préparer le repas avant le retour de Papa. Ce jour-là, elle préparait une poule à la moambe, un mets à base d'une pâte huileuse : de la pulpe de noix de palme. Elle y incorporait des feuilles de manioc hachées. Depuis le matin, j'avais l'impression de mâcher des aliments insipides. Même le pain et le beurre avaient des goûts étrangers. Après la chaleur, je constatais qu'ici les goûts étaient différents, et qu'il fallait un estomac solide pour digérer tout ça. De toute façon, je n'étais pas colérique de nature : je mangerais si j'avais faim. Dans le cas contraire, je repousserais mon assiette, c'était tout. Mais elle était bien loin, la bonne nourriture de la clinique !

Voyant ma méfiance devant la nourriture, elle m'a présenté les aliments composant généralement les repas de midi. Ils consistaient, comme en Belgique, en des pâtes et du riz, qui bénéficiaient d'une bonne conservation. Il y avait aussi des patates douces, du poulet aux arachides, du poisson, des pigeons et du corned-beef. Si manger cette nourriture ne présentait aucun caractère choquant pour un enfant européen à l'estomac solide, ces mets pouvaient en revanche provoquer chez moi de sévères indigestions. Lors de mon séjour à l'hôpital, on ne me servait en effet que des aliments m'assurant une digestion sans problème : de la salade, des pommes de terre et un peu de viande de bœuf. Une période de transition était nécessaire afin que je m'habitue à d'autres aliments. Ma mère m'a aussi expliqué que, comme nous, la plupart des coloniaux n'avaient pas de frigidaire, et que la conservation des aliments était très problématique. Le lait en boîte tournait trop vite avec la chaleur; c'était la raison pour laquelle il était réduit en poudre. Le beurre rancissait lui aussi rapidement, de même que de nombreux autres aliments. Les restants des repas de midi devaient absolument être mangés le soir sous peine d'être jetés. De plus, l'eau du robinet n'étant pas potable, elle devait, par mesure d'hygiène, être bouillie avant d'être consommée. La plupart du temps, notre viande était également cuite à l'eau. Pour relever le goût de ces aliments, les Africains et les coloniaux adultes relevaient leurs mets avec des piments. Quant aux enfants, ils devaient se contenter d'une nourriture finalement peu savoureuse. Intérieurement, je grimaçais. Heureusement qu'il nous restait les délicieux fruits exotiques.

À treize heures, l'atmosphère devenant trop suffocante pour toute activité, nous avons fait une sieste d'une heure. Par la fenêtre de ma chambre, j'entendais un bruit de scie provenant des hangars. Je me suis demandé pourquoi la personne responsable d'un tel tapage ne faisait pas de sieste. Il devait pourtant faire très chaud sous ces abris de tôle.

Deux heures avant la tombée de la nuit, Papa m'a invitée à le suivre dans les hangars, et je me suis précipitée sur ses pas. C'était là qu'étaient entreposés les sacs de ciment et les moules servant à fabriquer les tuyaux de béton. Il s'est dirigé vers une étagère et a saisi de petits appareils qu'il a appelés des tourniquets ; le geste, précis, manifestement rituel, était pour moi empreint de mystère, et je l'observais sans rien dire, impatiente de savoir quelle utilité spectaculaire devaient avoir ces étranges petits objets au nom de jeux pour enfants. À peine étions-nous sortis des abris de tôle que quelques enfants sont arrivés en courant : il y avait donc bien d'autres enfants, alors ! Cette confirmation me soulagea de mon impression de solitude. C'étaient des garçonnets qui habitaient notre bâtiment. Papa leur avait donné l'autorisation de jouer dans les cylindres lorsqu'il était présent. En dehors de cela, personne ne pouvait circuler sur cette partie de la propriété sans son autorisation. Mon père était vraisemblablement le roi de cette partie du monde, et j'en tirais soudain une fierté agréable.

Nous étions à présent quatre ou cinq à suivre Papa. Il tâtait les bétons, les auscultait — à la recherche d'un éventuel signe de séchage trop rapide, comme je le comprendrais bien vite —, mais, pour moi, il effectuait des gestes magiques, annonciateurs de quelque événement formidable. Enfin, il a placé les tourniquets au sommet de certains tubes à humidifier, les a reliés à des tuyaux d'arrosage et est allé ouvrir une vanne. J'étais tout ouïe, yeux écarquillés, quand ces petits engins se sont alors mis à tourner en projetant de l'eau à la ronde. Toute mon excitation en a été douchée : j'étais terriblement déçue de voir que ce n'étaient finalement que des arroseurs de jardin tournant sur eux-mêmes grâce à la pression de l'eau.

Après ça, nous avons néanmoins tous pris plaisir à ramper, à marcher à quatre pattes dans les tuyaux, à jouer à cache-cache dans les hangars et à nous rafraîchir sous les jets d'eau. Il était vrai que, dans ce quartier situé loin de tout, il n'y avait rien pour permettre aux enfants de jouer. Les futurs égouts de Léopoldville devenaient pour nous, faute de mieux, notre plaine de jeux. Une chose m'a inquiétée : je ne jouais qu'avec des garçons. Je leur ai demandé s'il y avait des filles ; à ma grande déception, ils m'ont répondu que les filles ici étaient trop âgées ou plus jeunes que moi. Qui allait donc jouer à la poupée avec moi ? Un petit garçon, voyant mon désarroi, m'a proposé de venir jouer avec ses voitures et ses billes et de grimper dans les arbres. Avant de retourner à nos jeux, les enfants m'ont demandé si le monsieur qui faisait aller les tourniquets m'avait adoptée, car ils ne l'avaient jamais vu en compagnie d'un enfant. Un peu vexée, et un peu pour défendre ma position dans ce groupe où j'étais l'étrangère, j'ai bien dû leur dire que j'étais sa fille, et que j'avais été longtemps hospitalisée dans la métropole. Mon bref récit les a laissés cois, mais je me demande avec le recul s'ils ont seulement compris de quoi je parlais — en effet, si des images sont nettes dans mon esprit, des sensations, et si j'ai recomposé a posteriori les événements jalonnant mon existence, je ne suis pas certaine que ma compréhension et mon expression étaient si claires que ça à trois ans ! Mais peut-être ont-ils simplement été impressionnés par le prestige médical ?

A un moment donné, Papa a humé l'air, arrêté soudain l'arrosage, et il nous a demandé de rentrer rapidement. L'urgence semblait brusquement imprégner ses mouvements, et je sentais la peur me gagner peu à peu tandis que je le suivais comme son ombre : j'imaginais que quelque catastrophe épouvantable allait se produire d'un instant à l'autre pour qu'un adulte comme mon père s'en alarme. En vitesse, il a rangé ses tourniquets dans un hangar et m'a tirée à sa suite. Que se passait-il ? Il m'a dit sentir une odeur d'ozone, odeur caractéristique de l'imminence d'un violent orage. Un orage ? J'ai regardé le ciel : il était nuageux, mais calme. Il m'a pressée de rentrer, car les orages en Afrique étaient violents et pouvaient amener des vents forts, et parfois même des tornades.

Impressionnée et intriguée, souhaitant guetter l'arrivée de l'orage, j'ai tenté de regarder par la fenêtre du salon, mais elle était bien trop haute pour moi. J'ai alors saisi une table basse, l'ai tirée vers la fenêtre et ai grimpé dessus. De mon poste d'observation, je voyais presque toute *La Parcelle*. Tout d'un coup, le ciel s'est obscurci et quelques gouttes se sont mises à tomber. Sortis d'on ne savait où, quelques enfants africains, pieds nus, mal habillés, ont traversé la pelouse en sautillant et en riant. Je ne pouvais pas les entendre, mais j'ai eu l'impression qu'ils chantaient, et j'ai regretté de ne pas pouvoir les rejoindre. Ils portaient des feuilles de bananiers en guise de parapluies et se dirigeaient avec une insouciance étonnante vers la grand-route. Dans ce petit groupe, il m'a soudain semblé voir une petite fille. Dès lors, je n'ai eu qu'une envie : aller la rejoindre pour m'amuser avec elle. Je l'ai dit à Papa, mais il m'a dit que c'était trop dangereux de partir par ce temps, et qu'il s'inquiétait même pour eux. Il a même voulu aller leur demander de rentrer rapidement chez eux, car il redoutait des glissements de tuyaux pouvant provoquer des accidents. Trop tard : ils avaient disparu.

Son inquiétude s'est communiquée à moi et j'ai craint de ne plus revoir ces camarades de jeu potentiel, et surtout cette petite fille, mon unique espoir de compagnie pour jouer à la poupée.

Les filles du groupe de Sœur Agnès sont pendues à mes lèvres, car elles comprennent la gravité de mon problème. Réconfortée par leur muet soutien, je me replonge dans mon récit, triant le dicible de l'indicible, nourrissant ma mémoire de chaque fil démêlé et tiré.

Je me souviens que j'ai également demandé à mon père d'où venaient ces enfants. Il m'a répondu qu'ils sortaient du *Belge*, une zone qui se trouvait plus loin, dans le sud de la ville, où se trouvaient les logements des ouvriers africains. Ces enfants semblaient connaître le chemin comme s'ils avaient pris un raccourci en passant par chez nous. Ils avaient probablement fait un trou dans nos clôtures, derrière les hangars, a commenté mon père, la voix réprobatrice. Après leur passage, le ciel s'est assombri, et de grosses gouttes se sont mises à tomber. Elles se sont abattues avec fracas sur les toits des hangars et sur celui de notre bâtiment avant de se transformer en trombes d'eau qui inondaient tout. J'ai été impressionnée par toute cette eau qui tombait et qui allait tout noyer — encore aujourd'hui, cette première pluie tropicale a pour moi des accents de déluge, image qui entrait en résonnance avec mon sentiment d'assister à la fin de mon monde. Le vent s'est levé, s'est déchaîné et s'est engouffré par la fenêtre. Un orage d'une fureur incroyable a éclaté dans un vacarme de coups de tonnerre. De nombreux éclairs zébraient le ciel noir d'encre et éclairaient le paysage de lueurs étranges. J'ai regardé ce spectacle, mi-apeurée, mi-fascinée. En vitesse, je suis allée observer les éléments déchaînés depuis la barza. Ébahie, j'ai vu les arbres de la forêt s'agiter frénétiquement sous les assauts du vent. Des objets — des débris de toutes sortes — m'arrivaient au visage. Je suis retournée m'abriter au salon, et, par la fenêtre désormais fermée par Maman, j'ai regardé passer des sacs de ciment vides, qui s'envolaient en tournoyant. Les palmiers près du parking s'agitaient et s'ébrouaient de toute l'eau tombant du ciel. Je me suis rendu compte que j'aimais les bruits de pluie et la fureur des orages. L'atmosphère rafraîchie par le vent est redevenue très lourde après le passage de l'orage. J'ai ouvert la porte de la barza, et seule restait une agréable odeur d'humus humide, une senteur que je ne retrouverais nulle part ailleurs et qui me reste, encore aujourd'hui, comme une sensation charnelle forte et intime.

L'orage apaisé, Maman nous a servi le dîner : les restes de la journée... Mais, à ma grande surprise, elle m'avait préparé un dessert : une banane flambée. Elle avait coupé une banane en deux dans la longueur, puis elle l'avait cuite dans une poêle avec du beurre et du sucre ; enfin, elle l'avait flambée avec de la liqueur à la banane. J'étais ravie : ce dessert était vraiment délicieux ! Maman m'a promis de me préparer d'autres pichis[9] tous aussi savoureux les uns que les autres. Je me trouvais tout à coup réconciliée avec une partie des mets servis : les desserts !

Après le repas, mon père est encore allé travailler une heure ou deux dans son bureau, situé près de l'entrée du terrain. Durant ce temps, ma mère a préparé mon bain. Elle est entrée dans la salle de bain, m'a fermé la porte au nez, puis je l'ai entendue asséner des coups violents dans ce qui me semblait être la baignoire. Trop fatiguée pour aller voir discrètement ce qu'elle faisait, et un peu effrayée par le vacarme, j'ai attendu qu'elle réapparaisse pour me rendre dans la pièce et me laisser porter par l'eau bienfaisante du bain en resongeant à cette première journée riche en découvertes et émotions. Après quoi, je me suis glissée dans mes draps, et j'ai vite sombré dans les bras de Morphée.

---

9. Pichis : desserts.

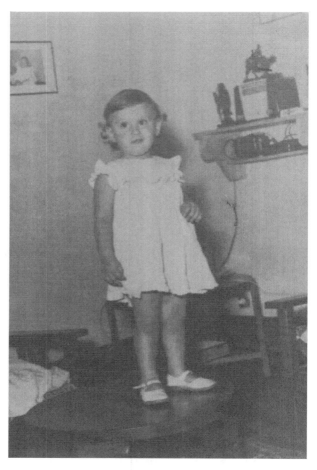

Juchée sur une table basse, je regardais par la fenêtre

Chapitre 6
Les babouins

Je m'interromps pour observer mes camarades. Sœur Agnès me sourit toujours de son visage d'ange, et les filles me posent un déluge de questions, surtout sur les animaux sauvages. Du coup, un autre épisode me revient.

Un soir, Papa nous a annoncé qu'il devait se rendre avec un collègue dans la brousse afin d'y effectuer un relevé topographique pour un futur chantier de construction.

Vers cinq heures du matin, son collaborateur est venu le chercher pour la matinée à bord d'une jeep, un véhicule de fonction fourni par l'entreprise aux chefs de chantier, qui devaient se le partager.

Vers treize heures, mon père et son ami n'étaient toujours pas rentrés. Maman a pensé qu'ils avaient eu un contretemps et qu'ils n'allaient plus tarder à revenir. Moi, je multipliais les allers-retours entre la fenêtre et mes jeux.

Plus les heures passaient, et plus notre inquiétude grandissait. À la tombée de la nuit, nous avons enfin entendu un bruit de moteur provenant du parking. Maman a regardé par la fenêtre, collée à côté de moi : deux silhouettes s'avançaient sur le sentier qui menait à notre appartement. Je l'ai sentie se détendre soudain, sans doute en reconnaissant Papa. Elle a filé à la cuisine préparer en vitesse quelques rafraîchissements pour les deux retardataires.

Lorsque la porte d'entrée s'est ouverte, et que les deux hommes sont entrés, ma mère a poussé un cri d'horreur tandis que j'ai eu un mouvement de recul, médusée par ce que j'avais devant les yeux : mon père et son collègue avaient le visage, les avant-bras et les jambes rougis par des coups de soleil et des griffures. On pouvait aussi voir des traces de sang séché sur toutes les parties dénudées de leur corps et leurs habits, et je fixais avec épouvante les traces rouges. Quant à leurs vêtements, ils étaient complètement déchirés et trempés de sueur. Les arrivants se sont alors affalés dans les fauteuils, ont jeté leurs casques coloniaux sur le sol, se sont gratté le cuir chevelu avec frénésie avant de se ruer sur les boissons servies. Ma mère, sans doute pour dissiper son angoisse et les inciter à s'expliquer sur leur état, leur a demandé s'ils avaient été pris dans une bataille de chiens. Mon père a ricané, ce qui nous a rassurées, en disant qu'il aurait été préférable pour eux de se battre avec des chiens. À bout de force, les deux hommes nous ont pourtant raconté une histoire incroyable que j'ai écoutée avec fascination, et je devais avoir des yeux ronds comme des soucoupes à voir la tête de mes nouvelles camarades tandis que je la leur répète.

Après avoir effectué dans la savane les relevés topographiques demandés par leur patron, les deux compères avaient pris le chemin du retour. Mon père conduisait la jeep, et son collègue, assis sur le siège passager, contemplait le paysage. Ils avaient pris un raccourci, une piste peu fréquentée, afin de savourer la beauté et la quiétude des lieux. Soudain, ils avaient vu arriver, loin devant eux et en plein milieu de la piste, une bande de singes. Les deux hommes ne s'étaient pas inquiétés. Tous deux avaient pratiqué la chasse au Katanga et avaient été confrontés à des animaux bien plus dangereux que des singes. Mon père ne s'en était donc pas soucié et avait poussé sur l'accélérateur afin de rentrer au plus vite.

Les singes, quant à eux, avaient continué d'avancer de front sur le chemin. Arrivé à leur hauteur, mon père avait freiné afin de ne pas percuter les animaux. Cela avait été une erreur. Sept singes en colère avaient pris la jeep d'assaut. Les plus téméraires avaient sauté sur le capot ; les autres s'étaient pendus aux portières. Avec leurs gueules grandes ouvertes et leurs énormes dents menaçantes, ils s'étaient mis à mordre et à frapper le véhicule tout en essayant d'attraper les passagers.

Pris de panique, les deux hommes étaient sortis du véhicule, avaient couru vers un arbre proche et essayé de grimper dedans. Les singes, les voyant prendre la fuite, les avaient suivis et s'étaient agrippés à leurs vêtements, leur donnant des coups de griffes au passage. Épouvantés, les vêtements et le corps lacérés, ils étaient parvenus à atteindre les branches les plus hautes et pourvues d'épines.

De rage, les singes étaient revenus vers la jeep, l'avaient secouée dans tous les sens, soulevée, et lui avaient fait faire plusieurs tonneaux. Une fois le véhicule assez retourné à leur goût, ils avaient retenté de monter dans l'arbre, mais ils y avaient renoncé, préférant le secouer vigoureusement afin de faire tomber leurs proies. Puis, un à un, les singes s'étaient assis au pied du tronc et s'étaient assoupis. En haut de l'arbre, les hommes, assoiffés, avaient dû se battre avec des insectes sous une chaleur de plomb. Ils estimaient quand même avoir eu de la chance, car les arbres étaient peu nombreux dans la brousse.

À la tombée de la nuit, les singes s'en étaient allés, et les deux hommes avaient eu beaucoup de peine à redresser le véhicule qui, fort heureusement, malgré de nombreux dégâts, roulait toujours.

L'histoire terminée, j'ai demandé à mon père quels étaient ces singes qui l'avaient attaqué avec tant de force et de férocité. Il m'a répondu d'une voix basse : des cynocéphales, des babouins à tête de chiens avec un museau bleu ; dans mon esprit, l'image de monstres terrifiants se forma, au museau de loup bleu, aux dents tranchantes, aux yeux jaunes, aux bras noueux et aux grognements terribles et menaçants. Sûrement pour me rassurer, il a conclu sur le fait que ces singes ne sont habituellement pas si agressifs, mais qu'ils avaient manqué de chance. Après tout, ils auraient pu tomber sur des lions plutôt qu'une bande de macaques de mauvais poil et, au final, après avoir passé des millions d'années à descendre de l'arbre pour devenir des hommes, il était plutôt comique de devoir réapprendre à grimper aux arbres à cause de singes !

À ces mots, ma mère s'est levée, a posé ses mains sur son visage et, secouée de sanglots, s'est dirigée vers la barza. La voyant peinée, je me suis empressée de la suivre. Sur la terrasse, je l'ai vue enlever ses mains de sa figure et rire aux éclats. M'étant aussi retenue de rire, par respect pour mon père et son collègue, et aussi encore un peu impressionnée par le récit, je n'ai pu m'empêcher d'éclater de rire à mon tour, partageant son hilarité dans une communion de nos regards. Nous forçant à reprendre notre sérieux, nous avons réintégré le salon. C'était le premier moment de complicité que j'avais avec ma mère, et j'ai bien senti qu'il allait nous permettre de nous rapprocher l'une de l'autre.

Maman a alors proposé aux pauvres malheureux de manger, de prendre un bain et de panser leurs plaies et bosses. Ensuite, elle s'est dirigée vers la salle de bain et a fermé la porte derrière elle. J'ai à nouveau entendu ce bruit étrange de coups donnés dans la baignoire. Je suis entrée discrètement dans la pièce, et j'ai vu ma mère à genoux devant la baignoire à en frapper le fond avec une chaussure. Je me suis avancée doucement, perplexe, et j'ai compris : au fond du bain, une nuée d'énormes cancrelats bruns fuyaient en tous sens. Pour ne pas m'apeurer, ma mère n'avait pas osé me dire que ces invasions se renouvelaient tous les soirs. Les bestioles s'insinuaient par l'orifice de décharge et par la bonde et, même en bouchant ces orifices, elles parvenaient à revenir. Je n'étais pas apeurée, mais dégoûtée face à ce poto-poto brun-rougeâtre qui tapissait à présent le fond de la cuve.

J'ai regardé ma mère faire avec répugnance tandis qu'elle faisait surgir les blattes afin de les écraser les unes après les autres, incapable de détourner mon regard de ce massacre nécessaire. Après avoir enlevé les cadavres des insectes et lavé la baignoire au Dettol, elle a fait couler un bain tout en sortant d'une armoire une trousse emplie de seringues en verre, de pansements et de désinfectants. Malgré l'horreur du carnage, la vision de la baignoire immaculée et désinfectée m'a rassurée quant à mes futures trempettes après le passage de ces affreuses bestioles. J'ai ensuite regagné le salon pendant que ma mère soignait les deux blessés. Je me rappelle avoir écouté les ablutions et les soins des valeureux chasseurs chassés, qu'ils ponctuaient de «*Ouille !*» et de «*Aïe !*» sonores. De l'autre côté de la porte, appuyée contre elle, je ne pouvais m'empêcher de faire des grimaces en entendant ces cris de douleur.

Enfin, le collègue de Papa nous a quittés, propre, soigné et vêtu de vêtements prêtés par Papa. Seule dans mon lit, je riais encore — non pas d'un combat de chiens, mais d'un pugilat avec des singes ayant curieusement des têtes de chiens. Mais, secrètement enfouie en moi, la peur le disputait à l'admiration : dans ce pays inconnu et dangereux, mon père était une sorte d'aventurier capable d'affronter des bêtes sauvages menaçantes et de triompher. Et ça, ça me rassurait.

Une bien gentille mangouste

Chapitre 7
Pierre le lavadère

Jusqu'à mon arrivée, d'après ce qu'elle m'avait dit, ma mère avait fait elle-même sa lessive. Tous les jours, elle sortait dans son jardin une grande cuve en métal galvanisé qu'elle posait sur un feu. Ensuite, elle versait de l'eau, râpait du savon et disposait du linge pouvant résister à l'eau bouillante. Au bout d'une heure, elle tirait les vêtements bouillis avec de grandes pinces en bois, les laissait tiédir avant de les savonner et les frotter sur une planche en bois avec une brosse. Ensuite, elle les rinçait à l'eau froide et les essorait à la main. Ses linges fins étaient faits à la main dans un autre baquet. Ces lessives devaient être faites régulièrement, car le linge humide moisissait vite sous la chaleur des tropiques. Après séchage, le linge devait être repassé avec un fer à repasser dont l'intérieur était rempli de braises provenant du feu.

C'était un travail harassant, une véritable corvée.

En rémission de cancer, d'une maigreur effroyable, elle usait ses forces dans ce travail ingrat. Dès mon retour, redoutant une trop grande quantité de linge à laver, elle avait commandé une lessiveuse moderne et engagé un boy afin de la soulager dans son travail. Cet engagement n'était pas pour lui plaire. Elle répugnait à déléguer des tâches, surtout à un homme !

Un jour, tôt dans la matinée, Papa est revenu en compagnie d'un Africain. Assises sur la devanture, Maman et moi les avons regardés extirper un appareil encombrant de la jeep et s'avancer vers nous. Papa nous a présenté Pierre : un grand gaillard d'une trentaine d'années au visage épanoui et au rire communicatif. Il habitait dans un village de huttes avec sa femme et sa nombreuse marmaille. J'ai fixé Pierre du regard, fascinée. C'était la première fois depuis mon arrivée que je voyais un Africain d'aussi près. Les personnes que je côtoyais dans l'immeuble et les enfants avec qui je jouais étaient blancs. Lui était d'un noir de charbon, et l'émail de ses yeux et de ses dents tranchait de manière incroyable avec sa peau. Il m'a gratifiée d'un magnifique sourire qui découvrait des dents d'une blancheur éblouissante. Mes parents n'ont pas eu besoin de me pousser pour aller dire bonjour à cet inconnu ! J'y suis allée de moi-même tant cet homme avait l'air sympathique, comme si, spontanément, j'avais reconnu en lui un ami familier. Ensuite, ma mère a invité mon père et Pierre à ne pas laisser la lessiveuse sous les regards indiscrets des voisins et à la transporter à l'arrière de notre immeuble. En réalité, je crois surtout qu'elle avait comme moi envie de voir l'engin à l'œuvre !

La machine a été transportée dans notre jardin. Curieux, Pierre et moi en avons fait le tour. Elle était composée d'une cuve de bois clair posée sur quatre pieds. Sous cette dernière étaient fixés un tuyau de vidange et un petit moteur électrique. La poulie de la machine, qui ressemblait à un grand volant, pouvait être actionnée à la main grâce à une manivelle, ou de façon électrique avec une courroie. Cette grande roue, en tournant, entraînait des pales de bois destinées à brasser le linge.

Au-dessus de la machine à laver était fixée une essoreuse : un dispositif permettant de faciliter l'essorage du linge. Il était composé de deux longs rouleaux en caoutchouc. Un ressort permettait au rouleau supérieur de monter ou de descendre afin de s'adapter à l'épaisseur du linge qui passait entre les cylindres. Ces derniers, actionnés par une manivelle, plus petite que la poulie, pressaient le linge mouillé dont l'excédent d'eau tombait dans la cuve.

Impatientes de voir les performances de la nouvelle machine, nous nous sommes tous immédiatement mis à l'ouvrage. Pierre a allumé un feu et y a déposé notre ancienne cuve de métal qu'il a remplie d'eau le temps que Maman et moi allions dans la salle de bain pour trier le linge. Elle a jeté dans une grande manne le linge pouvant supporter l'eau bouillante et m'a chargé les bras de vêtements de petite taille. J'étais contente de participer à cette lessive : cela m'occupait et me donnait l'impression de me rendre utile. Ensuite, nous avons rejoint Pierre et déposé le linge en tas sur le sol. Le temps que l'eau chauffe, ma mère a disposé dans le tonneau de bois des cristaux de soude, puis elle a râpé un cube de savon en paillettes. Papa, quant à lui, a installé une nouvelle corde à linge tendue à ma hauteur et est allé chercher un tabouret.

L'attente m'a paru interminable autour du grand chaudron, et je trépignais autour du récipient comme s'il devait en sortir d'un instant à l'autre quelque génie merveilleux. Mes parents ne cessaient pas de me répéter de rester prudemment à distance des parois brûlantes de la cuve, mais j'y revenais sans cesse, comme aimantée. Heureusement, la fumée blanche ne tarda pas à s'échapper du couvercle.

L'eau chauffée, Pierre et ma mère l'ont versée dans la cuve de la machine. Je les regardais faire avec admiration : ça avait l'air tellement lourd ! Le moment fatidique était arrivé et la tension était palpable : chacun se taisait, figé. Papa a branché la fiche dans une prise, et le miracle s'est produit : le moteur s'est mis en route ! Je crois même que j'ai applaudi ! En tout cas, j'étais contente ! Il a entraîné la courroie qui actionnait la poulie, et les pales se sont mises à tourner. On pouvait entendre le ronronnement du roulement à billes, les remous de l'eau savonneuse et, à certains moments, le frottement des pales contre les parois de la cuve. Pierre a écarquillé les yeux, et Maman a ri de satisfaction tandis que Papa admirait les performances du petit moteur. Me ressouvenant de l'avion, je retrouvais un rugissement semblable dans cette nouvelle machine, et, quelque part, je croyais un peu qu'elle pouvait s'envoler, mais elle n'en a rien fait, et c'est un peu déçue mais solidaire de la joie collective que j'ai continué d'écouter les grands battoirs mécaniques faire leur travail — le travail dévolu auparavant à ma mère. Et cette nouvelle méthode de brassage du linge semblait concluante, puisqu'elle ne nécessitait pas la présence de quelqu'un, qui pouvait de fait vaquer à d'autres occupations moins éprouvantes. Papa et Maman partis, Pierre et moi sommes restés près de la machine, lui parce que c'était désormais son office, moi parce que je ne pouvais ni ne voulais me détacher de cet objet tant qu'il serait encore animé de cette vie artificielle et fascinante — ni de Pierre, d'ailleurs, ce grand Noir encore plein de mystère et à l'allure bonhomme. Notre boy chantait d'ailleurs, dansait et tournait autour de la lessiveuse en suivant le sens de rotation des pales. Cette joie était communicative et je n'ai pas tardé à l'imiter ; entre rires et improvisations, je me sentais soudain comme quelque une indigène célébrant une puissante idole lors d'un culte primitif. L'arrivée de Maman, venue superviser l'étape suivante, a interrompu notre curieux manège. Pierre a vidangé l'eau savonneuse à l'aide du tuyau. Ma mère a sorti le linge avec les pinces de bois et l'a déposé dans un baquet. Pierre a de nouveau rempli la cuve d'eau froide afin de rincer le linge. Une fois la machine remise en route et ma mère retournée à ses autres tâches, nous avons repris notre sarabande autour de cet engin prodigieux. Après le rinçage, Pierre a essayé les rouleaux. Grâce à un ressort, il a levé le rouleau du dessus, glissé un vêtement, ajusté les deux rouleaux en fonction de son épaisseur, puis il a tourné lentement la manivelle. J'avais terriblement envie de manipuler moi aussi les leviers, mais j'étais trop petite, et, à voir les efforts déployés par un homme aussi costaud que notre boy, je n'y serais jamais parvenue ! Je suis alors montée sur le tabouret préparé par Papa, j'ai récupéré de l'autre côté le vêtement fortement pressé, et je me suis dépêchée d'aller le donner à ma mère. Elle a disposé les grands vêtements sur le fil à linge du dessus et m'a donné les petits, que j'ai pendus sur le fil bas que Papa venait de m'installer. Une fois tout le linge accroché, Maman a reculé de quelques pas et a regardé les vêtements balancer sous un léger vent. Mes parents étaient enchantés de voir que les vêtements avaient été bien lavés et qu'aucune tache n'avait résisté à ce nettoyage mécanique. Personnellement, il me plaisait de regarder mes petites robes blanches toutes propres se balancer dans le vent, légères comme autant de drapeaux. J'étais fière aussi d'avoir participé en petite mère à cette corvée, tout comme j'étais heureuse de l'avoir accomplie en famille, ce qui en faisait une fête plutôt qu'un labeur.

Satisfaits de cette avancée technologique qui évitait certaines manipulations pénibles, mes parents nous ont servi des rafraîchissements, ainsi qu'à Pierre. Une fois désaltéré, ce dernier a entamé le repassage, qu'il a exécuté avec brio — de quoi satisfaire et tranquilliser ma mère : notre linge serait entre de bonnes mains ! Cet homme était intelligent. Il m'a raconté qu'il avait même été à l'école gratuitement, dans une mission catholique, et que les pères missionnaires n'avaient pas oublié de l'évangéliser. Il croyait en Dieu, en Jésus et aux miracles, et il souhaitait assister un jour à ces curieux phénomènes. Il m'a dit aussi, en montrant la forêt, qu'il vivait avec sa famille et ses vieux parents dans un village de huttes. Y avait-il des huttes dans cette forêt ? Et qu'étaient des huttes, d'ailleurs ? Je me souviens m'être figuré quelque palais de bois ou de terre, sans trop parvenir à trancher si les peaux de lion ornaient les sols ou les murs. Il semblait bien connaître mon père, car il a dit que c'était un homme respecté par les Africains du coin pour le beau geste qu'il avait eu. Intriguée, je lui ai demandé de me raconter ce geste.

— Il y a quelques années, m'a-t-il donc expliqué, des enfants, blancs et noirs, jouaient dans tous les terrains des entreprises. Ici, c'était dans les tuyaux de béton, mais ailleurs ils touchaient aux machines et aux produits dangereux. Un jour, il y a eu un accident grave près de l'usine brassicole : un petit Africain a réussi à mettre une machine en marche ; il a été gravement blessé et a failli perdre la vie.

Je l'écoutais religieusement, inquiète pour le petit blessé, et soucieuse de savoir le rapport avec mon père.

— Ton père a aidé la famille de l'enfant pour qu'il puisse recevoir les meilleurs soins médicaux. Ensuite, il est allé trouver le commandant du camp militaire et lui a demandé de mettre à la disposition des enfants de la région une bande de terre tout le long la route, pour en faire un terrain de jeux. Le commandant, compréhensif, a accepté. Tous les enfants, depuis lors, se regroupent là pour y jouer librement et en toute sécurité.

— Et l'enfant qui s'est fait mal ? ai-je demandé, alors que Pierre semblait en avoir terminé de ses confidences ?

Il m'a fait un grand sourire et un clin d'œil.

— Mon fils va beaucoup mieux, et il a trois fois ton âge, petite pousse de manioc !

Je rougis sous le petit nom qu'il me donnait, ravie, et heureuse de la bonne conclusion de cette histoire. Je comprenais à présent pourquoi mon père s'était inquiété à propos des enfants qui se promenaient durant l'orage. Il avait dû aussi s'inquiéter pour moi alors que j'étais dans cette clinique belge. Émue, je ne pouvais qu'être fière de ce père, que j'avais pris pour un étranger, mais qui était manifestement un homme aimant et généreux, une sorte de héros local, presque. J'allais également pouvoir me rapprocher de lui en n'ayant plus le sentiment d'avoir été adoptée par un inconnu.

Son travail achevé, notre boy a été payé et s'en est allé en nous saluant et en gratifiant mon père d'un «*Au revoir, bwana*[10] *Paul !*» que son accent exotique rendait des plus chantants.

---

10. Bwana : nom respectueux donné aux colons blancs.

Ma mère était ravie : Papa semblait avoir déniché une perle rare. De mon côté, j'avais l'impression que Pierre deviendrait mon ami. Je me suis promis de l'aider durant ses prochaines lessives.

Le soir venu, je me suis rendue sur la barza, et j'ai scruté la forêt. Au travers de l'enchevêtrement de plantes et de branches, il m'était impossible de voir un village de huttes. Où se trouvait donc ce village ?

Le champs de manœuvre du camp militaire

Une magnifique journée

Quelques jours plus tard, Papa est revenu avec du courrier. Il m'a montré une enveloppe bleu clair entourée de petites diagonales bleues et rouges. La lettre avait été envoyée par avion par mon parrain. Il nous avertissait qu'il revenait de vacances, et qu'il souhaitait vivement me rencontrer. Il nous proposait d'aller le dimanche suivant pique-niquer sur les bords des rapides de Kinshuka, puis d'aller admirer le panorama de la baie de Ngaliema.

J'étais contente de le rencontrer, bien sûr, même si j'étais malgré moi intimidée face à cet inconnu, mais on m'en avait dit du bien et je souhaitais faire plaisir à mes parents, avec qui je me sentais de mieux en mieux. Le soir, je ne pleurais d'ailleurs presque plus en repensant à la Belgique et à mes infirmières. Toutefois, je dois avouer que ce sont plutôt les noms des lieux que nous allions visiter, énigmatiques, menaçants, aventureux, qui m'enthousiasmaient le plus !

Le dimanche venu, Maman avait préparé un repas froid et quelques boissons fruitées qu'elle avait rangés dans un panier d'osier. Elle avait également apprêté une grande nappe pour pouvoir manger sur l'herbe. J'avais regardé les préparatifs avec fébrilité, tournant dans ses jambes comme un lion en cage, au point même qu'elle avait fini par me chasser de la cuisine tant elle en avait assez de buter contre moi à chaque mouvement. Je suis donc allée rejoindre mon père, qui préparait la voiture et donnait ses dernières instructions à son contremaître. Debout à ses côtés, silencieuse, je baignais dans son aura d'autorité et m'en sentais grandie.

En début d'après-midi, l'heure du départ approchait et c'était l'effervescence. Ma mère m'avait habillée d'une nouvelle robe blanche, m'avait posé un nœud de la même couleur dans les cheveux, et elle m'avait obligée à mettre des sandales. Encore une robe blanche ! Selon elle, la couleur blanche avait la faculté de repousser la chaleur. Mon appréhension s'accroissait au fur et à mesure que la rencontre avec mon parrain approchait. Il m'avait connue toute petite, et je ne savais même pas qui il était. Dès que nous avons été prêts, Papa est allé porter le panier et la nappe dans la Jeep. Quelques instants plus tard, je l'ai suivi. Comme d'habitude, j'ai descendu les marches de l'escalier en me tenant fermement à la rampe. Mais, presque arrivée au bas de l'escalier, sans doute enhardie par l'exaltation du départ et de la grande aventure à venir, j'ai décidé de sauter à pieds joints en évitant une marche pour retomber sur la suivante. A peine avais-je commencé à sauter que j'ai vu une grosse tache sur la marche évitée. Une fois atterrie, je me suis retournée vivement pour voir ce que je venais d'éviter.

Avec stupeur, j'ai vu une énorme bête velue de couleur marron étalée sur la marche, qui contrastait avec le ton jaune de l'escalier. À la vue de cette bête gigantesque, j'ai poussé un cri de frayeur. Papa est arrivé en courant, et Maman, qui était occupée à fermer notre porte d'entrée, est descendue en vitesse. Mon père nous a demandé de ne plus bouger : c'était une mygale d'une taille exceptionnelle. Les pattes tendues, elle devait faire trente centimètres de long. J'ai retenu ma respiration, paralysée par la terreur, les yeux figés sur ceux, innombrables, de la bestiole immobile, tandis que Papa regardait les semelles de ses chaussures. Il avait de grands pieds, mais cette bête était bien trop grande pour être écrasée avec un soulier. Par chance, elle semblait endormie. Papa nous a demandé de rester immobiles afin de ne pas la réveiller au risque de la voir se mettre à courir en tous sens. Sa taille impressionnante me faisait épouvantablement peur. À voix basse, il nous a dit qu'il allait chercher une planche. L'attente m'a semblé durer une éternité. À force de fixer l'animal, je discernais les moindres détails de sa physionomie, et je venais même, enfin, de repérer ses horribles mandibules, et jusqu'aux ondulations de ses poils dans le courant d'air tiède qui parcourait l'escalier. À son retour, mon père a écrasé l'araignée d'un coup sec, et je me souviens d'avoir sursauté, frissonnant de dégoût et du contrecoup de ma terreur. Comme pour alléger la tension du moment, Maman s'est exclamée :

— Du poto-poto de mygale !

J'ai souri, mais la joie n'y était pas. Dans ce pays, j'avais l'impression que toutes les bêtes finissaient de la même façon : en bouillie. Cette fois-ci, c'était une marche d'escalier qui devrait être lavée au Dettol. Écœurée, j'ai fui en vitesse en pensant qu'il faudrait que je m'habitue à ces animaux qui peuplaient notre quotidien, mais surtout à porter des sandalettes.

Durant le trajet vers les rapides, mon père a dit à ma mère que des voisins, côté route, se plaignaient d'une prolifération des serpents. Certains avaient trouvé, derrière une tenture, un python enroulé sur un appui de fenêtre. D'autres, des vipères en dessous de leur lit. Un couple avait même dormi avec des vipères sous leurs oreillers. Au petit matin, ils s'étaient réveillés en même temps que les reptiles, et ils avaient pris la fuite à toutes jambes. Papa nous a recommandé de fermer la porte de la barza durant notre absence, et de vérifier l'état des moustiquaires. Toute une faune grouillait dans la forêt proche. Elle n'attendait qu'une chose : franchir nos petits jardins pour s'introduire chez nous. Quant à moi, je me demandais à quoi pouvait ressembler un serpent. Je restais convaincue que, si j'en rencontrais un, je ferais comme Papa : l'écraser avec les semelles de mes sandalettes. Entre crainte des monstres tapis dans tous les recoins et admiration du paysage changeant derrière les vitres de la Jeep, je n'ai pas vu le temps passer, et j'ai même oublié mon trac.

Arrivé sur un parking près des chutes de Kinshuka, Papa s'est dirigé vers un couple et deux enfants. Il m'a présenté mon parrain, ma marraine de substitution, une jeune fille, ainsi qu'un grand garçon. Je me retrouvais de nouveau face à des étrangers. Raide, angoissée, je me suis avancée d'un pas mal assuré pour leur dire bonjour, et je me suis retrouvée noyée sous les embrassades. Pour adoucir ma détresse, ma marraine m'a offert une belle poupée dans un emballage en carton. J'étais déçue, car mes copains de *La Parcelle* ne jouaient pas à la poupée. Pour me faire accepter parmi eux, Papa m'avait offert des billes et des autos miniatures : des Dinky Toys. Ma préférée était une Citroën 2CV. Mais une autre surprise de taille m'attendait.

Mon parrain m'a fait signe de le rejoindre à sa voiture. Lorsqu'il a ouvert son coffre, mon étonnement a été à son comble : je l'ai vu sortir un magnifique vélo à trois roues de couleur bleu clair. De joie, j'ai applaudi tout en lui adressant un magnifique sourire. Papa s'est empressé de me mettre sur la selle. L'engin était grand, très grand, même. Sur la selle de bois, longue et plane, entourée d'un petit garde-corps de fer, on pouvait asseoir deux enfants de ma taille l'un derrière l'autre. J'ai dû me presser contre le guidon pour que mes pieds puissent atteindre les pédales. Mon parrain m'a dit qu'avec un peu d'entraînement j'arriverais à me familiariser avec mon nouveau jouet. C'est avec une joie non dissimulée que j'ai tenté de faire fonctionner mes pédales tout en tenant mon guidon. Je me suis propulsée en zigzags sur le gravier du parking en évitant tant bien que mal les véhicules en stationnement. J'ai songé à ma poussette. Désormais inutile, elle allait servir à promener mes poupées : un monde nouveau de jeux et d'aventures s'ouvrait à moi ! Ce jour-là, en tout cas, ce ne sont pas les lieux qui ont retenu mon attention, mais bien mon moyen de locomotion !

Après avoir mangé sur l'herbe un repas que j'ai rechigné à venir commencer et que je me suis empressée d'expédier pour remonter en selle, nous nous sommes promenés sur les berges des rapides. À cet endroit, les eaux du fleuve Congo, étranglées dans un goulot, tombaient en se fracassant dans un bruit assourdissant avant de poursuivre leur route vers l'océan. C'était beau, sans doute, mais j'en garde peu d'images, éclipsées qu'elles sont par l'éclat de mon vélo sous le soleil et à mes yeux d'enfant. Du regard, tout en pédalant, je cherchais les enfants de mon parrain. Fort peu présents à nos côtés, je les ai vus déambuler sur le rivage à la recherche d'amis de leur âge. Je ne m'en suis pas inquiétée : j'étais trop absorbée par mon nouveau véhicule.

Après le pique-nique et la promenade, nous sommes tous allés manger un dessert dans l'un des petits restaurants bordant les rives. J'ai goûté une nouvelle pâtisserie qui m'a réconciliée avec le fait d'abandonner momentanément ma nouvelle monture : une corne de gazelle. Le dessert était composé d'une pâte feuilletée roulée en forme de cornet, et dans lequel on avait mis de la crème pâtissière et du sucre cristallisé. Je m'en suis pourléché les babines : ce dessert valait bien la banane flambée préparée par Maman ! Repue par ce tshop[11], fatiguée d'avoir pédalé sous une chaleur torride, j'ai commencé à sombrer dans une douce somnolence, appuyée contre l'épaule de mon père et retenue par la table.

À peine assoupie, Papa a annoncé qu'il était temps pour nous de quitter ce lieu pour faire une balade au belvédère. Éreintée, j'avais espéré que, là-bas, j'aurais plus de facilité pour rouler, car l'herbe et le terrain accidenté bordant les chutes m'avaient freinée dans ma conquête du monde et provoqué des crampes dans les jambes.

En peu de temps, nous avons rejoint le sommet du mont Stanley. Un belvédère y avait été construit en forme d'arc de cercle et posé sur une aire circulaire. Il était agrémenté d'une immense statue de

---

11. Tshop : repas, mets.

bronze dédiée à la mémoire de Stanley : mon parrain, à grand renfort de bruitages et grimaces, m'a alors raconté l'histoire de cet homme, le Boula-Matari[12], cet aventurier anglais célèbre pour son absence de scrupules dans sa recherche de Livingstone. L'explorateur, payé sur la cassette personnelle du roi Léopold II, avait parcouru le Congo en tous sens : un territoire d'une superficie de quatre-vingts fois la Belgique. Il y avait établi des comptoirs commerciaux en divers endroits. En 1885, le Congo était devenu propriété du roi des Belges. Il allait être donné vingt-quatre ans plus tard à l'État belge, et devenir notre colonie. De cet endroit, et sous le regard désormais bienveillant et immuable de Stanley, nous avons admiré la vue panoramique sur le fleuve Congo et sur Léopoldville. Épuisée, j'ai plus volontiers profité de la contemplation et ne le regrette pas : nous avons vu des bateaux faire la navette jusqu'à Brazzaville, capitale de la colonie française, et des pirogues glisser sur les eaux du pool. En aval, nous avons pu apercevoir les rapides de Kinshuka.

Mon parrain m'a expliqué que c'était ici, juste en contrebas de la colline, que l'explorateur Stanley avait accosté à bord d'un steamer, il y avait près de soixante-quinze ans. Je buvais ses paroles en noyant mon regard dans le paysage où, déjà, je pouvais observer la caravane de l'explorateur se constituer sur les berges, prête au départ. Il était parti à la conquête d'un village dans la forêt et avait aménagé une terrasse afin d'y établir son quartier général. Sans le savoir, il avait fondé la future capitale du Congo belge, une ville qui allait devenir tentaculaire.

Laissant mes parents, mon parrain et les siens admirer la vue et converser entre eux, j'ai profité du sol plan et dur pour m'entraîner à nouveau à rouler en vélo. J'ai circulé sur le belvédère en me servant du socle de la statue comme d'un giratoire. Je maîtrisais de mieux en mieux les mouvements du pédalier et le maniement du guidon. Ma conduite en lignes brisées s'était muée en mouvements circulaires.

---

12. Boula-Matari : casseur de rochers, surnom donné au colon.

Le plus difficile restait à venir : la conduite en ligne droite et le freinage. C'était un moment de bonheur pour moi, une sensation de liberté et d'autonomie. Peu à peu, le jour est tombé. Mes parents m'ont tirée de cette satisfaction afin de me faire admirer le coucher de soleil sur le fleuve. Le spectacle était grandiose : le soleil, avant de disparaître à l'horizon, incendiait le ciel de lueurs rouges. La nuit était tombée, et il était temps de rentrer chez nous. Mon parrain était ravi de me voir conquise par mon tricycle. Quant à ma marraine, j'ai pensé qu'elle désespérait de me voir jouer un jour avec sa poupée. Pour ma part, j'étais heureuse de les avoir rencontrés. J'espérais bien vite les revoir, mais j'étais par-dessus tout impatiente de montrer à Pierre mon nouveau moyen de locomotion.

Fourbue de fatigue, les jambes ankylosées par ma gymnastique sur le pédalier, je vacillais, prête à me vautrer dans les bras de Morphée. La mygale, la rencontre avec mon parrain et ma marraine, mes beaux cadeaux, le splendide coucher de soleil, et surtout mon tricycle : voilà des moments mémorables que je n'étais pas près d'oublier ! Et c'est à peine assise dans la Jeep que j'avais sombré dans un sommeil profond et satisfait.

Mon vélo, un allié indispensable lors de mes escapades

Chapitre 9

Le panier à salade

Mes randonnées avec mon nouveau vélo et les lessives joyeuses avec Pierre semblaient compromises lorsque Maman a abordé le sujet de ma rentrée à l'école maternelle. Elle estimait que ce serait mieux pour moi de rencontrer d'autres enfants de mon âge, surtout des filles. Selon elle, l'école était une porte ouverte sur le monde et la connaissance. J'espérais quant à moi y vivre des moments aussi heureux que ceux que je connaissais sur *La Parcelle*, avec cette plus-value que je pourrais enfin, entourée de filles, trouver des camarades pour jouer à la poupée avec moi !

Forte de sa décision, elle m'a emmenée dans un établissement afin d'y rencontrer ma future institutrice. Arrivée lors de la sortie des classes, j'ai vu une file d'enfants attendre le bus scolaire. Ils portaient d'étranges accoutrements et de curieux masques, mais pas de poupées. Maman m'a dit que c'était carnaval et que, durant cette période, les personnes pouvaient porter les déguisements qui leur plaisaient. J'ai trouvé les tenues de ces enfants ridicules, et je suis passée devant eux sans leur prêter attention, secrètement vexée et inquiète de les voir déjà en bande, et moi si différente.

L'école était située dans un quartier huppé du centre-ville. La classe dans laquelle nous nous sommes rendues était spacieuse et lumineuse : le soleil y rentrait à flots par de larges fenêtres. La pièce était remplie de petites tables, de tapis, de jeux et de petits lits. Une institutrice souriante est venue à notre rencontre.

Pendant que Maman conversait avec elle, j'ai regardé sur une longue table adossée à un mur les réalisations effectuées par les élèves. De jolis dessins côtoyaient divers petits bricolages. Parmi eux, j'ai contemplé une série de petits poissons colorés. Je n'ai pu m'empêcher d'en prendre un en main : il était rouge marbré de noir, et ses écailles étaient en relief. Qu'il était beau ! J'ai caressé l'objet des doigts : il était lisse, léger et brillant. Ces sensations curieuses et agréables me plaisaient, et je n'avais qu'une envie : l'emporter avec moi. C'était alors que l'institutrice s'était dirigée vers moi pour me dire que je ne pouvais l'emporter, puisqu'il ne m'appartenait pas, mais que, si je venais à l'école, je pourrais également en réaliser un. À la pensée de pouvoir confectionner un objet semblable, je me sentais heureuse de pouvoir intégrer cette classe et n'ai plus pensé qu'à ça, impatiente de faire ma rentrée.

Mon inscription terminée, ma mère m'a emmenée au Bon Marché, sur le boulevard Albert Ier. C'était un magasin à étages où l'on trouvait de tout, et principalement des produits venus des États-Unis. Dans cette grande caverne d'Ali Baba, tout m'intéressait et m'attirait. Maman me traînait derrière elle et m'empêchait de m'emparer des trésors convoités. Alors qu'elle regardait les mallettes, les plumiers et les crayons de couleur, j'ai réussi à attraper une minuscule boîte contenant quatre pastilles de gouache et un petit pinceau. Avec la vitesse de l'éclair, j'ai caché ma trouvaille dans la poche de mon kapitula. Je venais de dérober un objet alors que je savais que je n'avais pas le droit de le faire, mais cela avait été plus fort que moi. Je savais qu'une fois mon larcin découvert, je recevrais une punition avant de pouvoir peindre tout mon saoul. Mais il me fallait absolument ce nécessaire à peinture.

Au rayon vêtements, ma mère m'a choisi deux petits tabliers bleus, décorés de fines rayures verticales blanches et comportant une poche de chaque côté. Je ne les trouvais pas beaux, mais elle m'a dit qu'ils n'avaient pas pour fonction de faire jolis, mais de me protéger des taches.

Ensuite, ma mère s'est dirigée vers le rayon des tissus, car elle souhaitait se confectionner une robe. Elle a inspecté des coupons bariolés disposés sur des tables ; je commençais à en avoir assez, moi, et il me tardait d'essayer mes couleurs. Comme je soufflais de plus en plus, en traînant la jambe, elle m'a demandé de rester près des tables et de l'attendre sans bouger. Elle est partie sans me dire où elle allait. Au bout d'un moment, j'ai estimé que j'avais assez attendu, et je suis partie à sa recherche. J'ai fait le tour du magasin, cherchant désespérément après elle. Ne la voyant nulle part, je suis sortie sur le boulevard, bien décidée à rejoindre mon parrain à la Grand-Poste afin de lui demander son aide pour la retrouver. J'étais impressionnée par la foule de l'avenue, mais, dans mon esprit d'enfant, je n'ai pas douté le moins du monde de parvenir à destination.

Après, tout est allé très vite. Un policier africain m'a surprise en train de déambuler seule dans la rue. Il m'a prise par le poignet, et j'ai eu un peu peur, tant sa poigne était forte et son uniforme me saisissait. Il m'a indiqué qu'il me conduisait jusqu'au panier à salade, et il m'a enfermée dans un petit camion. Le fourgon cellulaire était un véhicule sombre aux vitres grillagées. J'ai commencé à avoir peur, mais j'ai ravalé mes larmes, de peur de me faire disputer. À l'intérieur, il y avait deux banquettes situées de part et d'autre du véhicule. Je me suis assise sur un banc, et le policier s'est installé sur la banquette opposée en me lançant des regards perçants. Impressionnée par son uniforme et son visage sévère, j'ai baissé les yeux et gardé le silence. Le véhicule s'est mis en route, mais il s'est bien vite arrêté, car le commissariat de police se trouvait juste un peu plus loin sur le boulevard.

Emmenée dans un bureau, j'ai été questionnée par un autre policier. J'étais particulièrement intimidée, et il me manquait beaucoup d'informations. Il voulait savoir qui j'étais et d'où je venais. Ensuite, il a téléphoné à la Grand-Poste et a demandé à mon parrain de venir confirmer mon identité et me tenir compagnie jusqu'à ce que l'on retrouve ma mère. L'attente m'a paru durer une éternité, mais, quand il est arrivé, il m'a fait un signe amical de la main. Soulagée de le voir, je lui ai adressé mon plus beau sourire, et j'ai couru à sa rencontre.

Quelques minutes plus tard, mes parents sont arrivés, inquiets. Ils venaient justement signaler ma disparition. Quand je les ai aperçus, je me suis précipitée dans leurs bras. Nous étions tous ravis de ces retrouvailles mutuelles et nous serrions fort les uns contre les autres. C'était bon ! Ma mère a prétendu qu'elle ne s'était jamais éloignée du rayon des tissus, mais, personnellement, j'en doutais, car le l'avais cherchée sans succès dans les moindres recoins du magasin.

Cette histoire semblait devoir bien se terminer lorsque, durant nos embrassades, ma boîte de gouache est tombée sur le sol. Je me suis figée, honteuse et mutique, mais surtout paniquée à l'idée d'avoir enduré tout ça et de me voir privée de mon précieux trésor ! Étant dans l'impossibilité de justifier la présence de cette boîte dans ma poche, le policier m'a réprimandée, me promettant en cas de récidive une moins plaisante balade en panier à salade. Mais j'ai pu garder mes couleurs. J'ai juré de ne jamais recommencer tout en serrant mon larcin contre mon cœur.

Des ouvriers sur La Parcelle

Chapitre 10
Les rats

La semaine suivante, les cours recommençaient, et j'avais hâte : j'étais impatiente surtout de modeler mon propre poisson brillant, que je m'étais imaginé cent fois depuis ma visite de la classe, de toutes les formes et couleurs possibles. Maman et moi devions nous rendre à l'école en compagnie de voisins. Alors que nous les attendions sur le parking, fébriles, j'ai vu descendre d'un palmier proche deux petites bêtes — des espèces de souris grises. Elles sont venues dans ma direction, se sont arrêtées à mes pieds et m'ont regardée avec attention. Étonnée par leur hardiesse, je n'ai pu m'empêcher de les ramasser. Impassibles, elles se sont laissé caresser et inspecter sous toutes les coutures. Elles avaient une fourrure grise, une courte queue, des petits yeux noirs et un museau fin. Maman m'a dit que ces bêtes, qui me semblaient mignonnes, n'étaient que des rats de palme, et que, par mesure d'hygiène, je devais les reposer sur le sol aussi vite que possible. Alors que nos voisins arrivaient et que ma mère se dirigeait vers eux pour les saluer, je me suis empressée, à l'insu de tous, de mettre les rats dans les poches de mon tablier : un par poche. La rentrée des classes m'angoissait, et la présence de ces bêtes me permettait de penser à autre chose. C'était donc avec ces bêtes blotties dans les replis de mon vêtement que je m'étais rendue à mon premier jour d'école, un peu craintive à l'idée de me faire disputer, mais surtout heureuse de mes deux nouveaux amis et de bientôt faire de mes mains mon petit poisson.

L'institutrice m'a présentée aux autres enfants ; ils avaient l'air plutôt gentils, et mon trac a diminué. Après les salutations, elle m'a obligée à m'asseoir seule à une table pour picoter des images sur un petit tapis. À la dérobée, je regardais les autres enfants : ils jouaient, riaient et pleuraient, même, mais sans se soucier de ma présence. Ils semblaient m'ignorer complètement, comme si j'étais devenue invisible. Après une longue séance de découpage, lasse, j'ai demandé à mon institutrice à pouvoir réaliser mon poisson de plâtre, mais elle a refusé, prétextant que ce n'était pas le bon moment.

Triste et esseulée, j'ai caressé en catimini mes bestioles sagement tapies dans mes poches. Elles représentaient pour moi la seule présence réconfortante dans un endroit où je paraissais être une intruse. À dix heures, je leur ai discrètement donné quelques morceaux de biscuits, qu'elles ont grignotés allègrement. C'était interminable et déprimant. Après une longue journée durant laquelle je n'avais fait que détourer des images dans l'indifférence générale, j'aspirais à rentrer chez moi. Les rats ne sont sortis de mes poches qu'à mon retour sur notre parking. Posés par terre, mes compagnons d'infortune sont remontés dans leur palmier sans un regard en arrière. Avec un pincement au cœur, comme si leur abandon insouciant de moi faisait un écho à mon sentiment d'esseulement. Et c'était morose que s'était achevé ce jour de rentrée.

Le lendemain matin, je redoutais une nouvelle journée de solitude. Arrivée près du parking, j'ai vu avec étonnement et réconfort les deux rats accourir à mes pieds, comme la veille. Sans me rendre compte que ma mère m'observait, je les ai à nouveau glissés dans mes poches. Médusée à la vue de cette scène, ma mère ne savait plus quoi dire face à des bêtes qui semblaient être apprivoisées. Elle espérait que les rongeurs ne prendraient pas la fuite dans la voiture de nos voisins. Arrivées devant l'école, elle m'a demandé d'aller les déposer dans le jardin de l'établissement. J'ai obtempéré. Je me suis dirigée vers le parc et ai déposé les rats dans un massif de fleurs. Mais les rongeurs se sont empressés de remonter le long de mes jambes pour regagner les poches de mon tablier. J'en ai été secrètement consolée et, regonflée, mes précieux amis au creux de mon tablier, j'ai rejoint ceux qui ne semblaient pas vouloir devenir mes camarades.

En classe, j'ai été à nouveau reléguée à ma table avec de nouvelles images à découper. Encore. J'ai réfréné un soupir, mais je n'en pensais pas moins. C'est pourquoi, lorsque mon institutrice m'a dit que le moulage de mon poisson n'était plus à l'ordre du jour, je me suis mise à pleurer. Je lui avais fait confiance, et elle m'avait menti. Les sanglots ont commencé à monter en force, et je me suis retrouvée secouée par le chagrin et la frustration, l'amertume et l'indignation.

À ce moment, j'ai senti mes bestioles s'agiter en tous sens. Soudain, j'ai entendu ma maîtresse pousser un cri abominable qui m'a fait sursauter avant de la voir grimper sur une petite chaise et me montrer du doigt. Je l'ai regardée, sidérée, sans comprendre son attitude, puis j'ai baissé les yeux. Mes rats avaient sorti la tête et regardaient alentour. Les enfants, mimant l'enseignante, tentaient de grimper sur ce qu'ils pouvaient en hurlant, en se bousculant et en pleurant sans même savoir ce qui se passait. Une sacrée pagaille ! Je n'en croyais ni mes yeux ni mes oreilles. Comment deux minuscules bêtes pouvaient-elles provoquer une panique aussi excessive ? Debout sur son promontoire, mon institutrice, face à ce qu'elle semblait considérer comme mon impassibilité devant ce tohu-bohu, ne décolérait pas. Courageusement, elle est donc descendue de sa chaise, m'a agrippée du bout des doigts par le col de mon tablier, puis elle m'a tirée jusqu'au jardin, dans lequel j'ai été consignée jusqu'à la fin des cours. Je savais que ces bêtes n'avaient pas leur place dans une école, mais j'avais l'impression d'avoir été mise au ban de cette classe bien avant que personne ne soupçonne la présence de ces bêtes.

À l'arrivée de ma mère, l'institutrice, toujours fâchée, a imposé ses conditions : les rats ou l'école ! Je n'ai quand même pas choisi les rongeurs, mais je ne voulais pas non plus d'une enseignante qui me mettait en quarantaine. Sur le chemin du retour, ma mère et moi avons gardé le silence.

Rentrée à la maison, j'ai déposé mes bestioles. Elles semblaient satisfaites de pouvoir rejoindre leurs pénates. Mon père, stupéfait par cette histoire, n'a trouvé qu'une chose à dire :

— Tout ça pour des rats !

Quant à ma mère, elle m'a déclaré qu'à partir du lendemain elle allait prendre mon instruction en main. Et son soutien — leur soutien ! — m'a fait un bien fou : tout à coup, je me sentais moins seule de leur affection et de leur attention, et cette foule ingrate d'indifférents en a été remisée au fond de ma mémoire. Ma mère était donc devenue mon enseignante, et elle ne me reprocherait jamais ce lamentable épisode, préférant façonner mon épanouissement à sa façon : un esprit sain dans un corps sain. Et je n'ai pas eu de motif de le regretter.

Un charriot rempli de trésors

Chapitre 11
Le python

Le lendemain, Pierre, étonné de me voir débouler dans le jardinet, n'a pas tardé à me poser des questions sur ma rentrée en maternelle. Je lui ai raconté mes déboires provoqués par mes rats, mais aussi ma mise à l'écart par l'institutrice. Plus je contais mon histoire avec force détails, plus je culpabilisais pour le tollé provoqué par mes bestioles — et plus notre boy riait. Il m'a raconté que, lors de ses études dans la mission, les élèves faisaient souvent des blagues, et les pères missionnaires riaient de bon cœur. Il n'y avait ni mise en quarantaine ni moquerie : les élèves étaient tous traités de la même façon. Pierre était devenu pour moi un ami et un confident à qui je pouvais raconter mes secrets sans être jugée ou punie. Je l'enviais, car j'avais l'impression que, dans son monde, le respect, la joie et l'insouciance tenaient une place prépondérante. Du coup, dès que je le pouvais, je gravitais autour de lui, le plus souvent sur mon bolide bleu, pédalant comme une forcenée, et dès que je le pouvais pour l'aider dans ses corvées.

Remarquant le bonheur que me procurait mon nouveau vélo, il y a attaché, à l'aide d'une corde, le timon de mon petit chariot de bois. Alors qu'il s'en retournait à ses lessives, je suis partie en chasse d'un partenaire de jeu en tirant derrière moi ma remorque pleine de jouets. Je suis allée voir sur le camp militaire, mais il n'y avait pas âme qui vive. En revenant, j'ai dérapé sur un rail du chemin de fer. Ne maîtrisant plus mon véhicule, mon tricycle est allé percuter et renverser une touque située sous la fenêtre du premier bureau : celui de Papa. La gigantesque corbeille d'acier est tombée lourdement sur le sol en faisant un bruit de ferraille et en crachant un lot de papiers froissés et d'enveloppes vides ornées de magnifiques timbres colorés. Fascinée par ces jolis chromos, je me suis mise à plat ventre pour entrer dans la poubelle et attraper autant d'enveloppes que possible. À ce moment, j'ai entendu un sifflement strident. Et, là, sous le plancher du bureau préfabriqué posé sur de petits pilotis, j'ai vu une forme ronde tapie dans l'ombre du vide ventilé. De cette boule a surgi une petite tête qui s'est avancée vers moi en sifflant.

Toujours allongée sur le sol, les mains chargées d'enveloppes, j'aurais dû tenter de me redresser au plus vite, mais la vue de cet animal m'a fascinée et tétanisée à un tel point que je n'arrivais plus à me relever. J'avais envie, sans y parvenir, de saisir une de mes sandales et de réduire ce serpent en bouillie. Tout à coup, j'ai poussé un cri en me sentant soulevée du sol. J'ai tournoyé dans les airs avant de retomber dans les bras de Pierre. Ce dernier m'a expliqué avoir entendu un bruit de tôle froissée et être venu rapidement voir ce qui se passait. Selon lui, j'avais fait une rencontre rapprochée avec un python. Lorsqu'il m'a reposée sur le sol, j'ai voulu le remercier de m'avoir sauvé la vie, mais il n'a rien voulu entendre et m'a obligée à rentrer chez moi. Par la fenêtre, encore tremblante, je l'ai vu aller pieds nus et sans crainte rechercher mes jouets. Qu'est-ce que j'ai pu admirer son courage, alors ! Il me faisait l'impression d'un terrible guerrier invincible partant sans frémir à l'assaut d'un dragon !

Apeurée par cette histoire de python, ma mère est allée dans sa chambre avant de rejoindre rapidement notre boy près de la lessiveuse. De la barza, je pouvais entendre tout ce qui se disait. Mon ami africain parlait pourtant à voix basse, et ma mère lui répondait sur le même ton :

— Je sais, Pierre. Les pythons ne sont ni agressifs ni venimeux. Cependant, leurs morsures, très douloureuses, peuvent provoquer d'horribles plaies susceptibles de s'infecter. Voilà un matabiche[13] : tu l'as amplement, mérité, car tu es une personne digne de confiance.

Je venais de comprendre pourquoi Pierre était allé rechercher mes jouets sans avoir peur. Cette variété de serpents semblait inoffensive, alors que d'autres étaient venimeuses. Son prestige en était amoindri, mais pas mon inquiétude : comment allais-je différencier ces reptiles ?

Lorsque Papa est rentré du travail, ma mère lui a raconté l'incident. Il a été à nouveau étonné de voir autant de serpents s'approcher aussi près de nos bâtiments. Les mouvements des ouvriers dans les hangars, les manœuvres des voitures des résidents, et le charroi incessant des camions amenant du ciment et repartant avec des tuyaux devaient en principe dissuader ces bêtes de s'aventurer aussi près de chez nous. En effet, ces animaux ne supportent pas les fortes vibrations émanant du sol et prennent souvent la fuite. Papa, prévoyant un drame, m'a demandé de ne plus m'aventurer sur les bords de *La Parcelle* et de ne plus jouer seule.

Que voulait-il dire par drame ?

Dans l'après-midi, mon instruction a commencé. Maman m'a laissée colorier quelque temps avant de me montrer un étrange morceau de tissu. Sur du coton, elle avait brodé, au point de croix et dans des couleurs différentes, les lettres de l'alphabet enlacées de guirlandes de fleurs. Son abécédaire était censé m'aider à apprendre à lire et à écrire en recopiant les lettres. C'était si joli et si gentil, ça m'a fait si plaisir, que je me suis jetée à son cou et me suis appliquée à les déchiffrer des yeux et des doigts pour lui montrer à quel point j'étais contente.

Ces après-midi studieux dureraient trois longues années durant lesquelles ma mère agrémenterait ces cours particuliers de

---

13. Matabiche : pourboire.

lectures — des histoires incroyables qu'elle lirait à haute voix et m'expliquerait. Je ferais de cette façon la connaissance des contes de Charles Perrault, de Hansel et Gretel des frères Grimm, ainsi que des fables de Jean de la Fontaine, par lesquels j'ai frissonné et ri en compagnie de ma mère. Elle m'a notamment raconté une sombre légende de mains coupées attachée à la ville d'Anvers : le géant Druon Antigone, assoiffé d'argent, exigeait un droit de passage sur l'Escaut. Aux marins qui refusaient de payer, Antigone leur coupait une main et la jetait dans le fleuve. Ce géant serait tué par Silvius Brabo, un Romain, qui lui trancherait une main et la jetterait dans l'Escaut. J'en suis encore aujourd'hui impressionnée, mais je l'étais alors encore davantage. Je me souviens qu'elle avait tenté de détendre l'atmosphère en énumérant les farces commises par Tijl Uilenspiegel — Till l'Espiègle —, un légendaire saltimbanque malicieux et farceur issu de la littérature belge et popularisé par Charles De Coster. J'aurais droit aussi aux comptines, chansons enfantines et autres berceuses néerlandaises, ce qui n'était pas pour me déplaire, mais, en revanche, à ma grande déception, elle refuserait de faire l'impasse sur les fastidieuses séances de calculs écrits. Fine mouche, afin de rendre supportables les supplices des additions et soustractions, elle m'autoriserait cependant à garder sur mes genoux la mangouste apprivoisée d'un petit voisin. Tout aussi docile que mes rats, la bête dormait tandis que je peinais.

Régulièrement durant cette période paisible, nous nous sommes rendues au Bon Marché afin d'y acheter des livres provenant de Belgique. Bien vite, les livres et cahiers se sont empilés. Mon père, effrayé par ce bourrage de crâne intensif, a bien demandé à ma mère de diminuer la cadence, mais elle lui a rétorqué qu'elle n'avait jamais connu de cas de méningite aiguë consécutive à un remue-ménage de cellules grises. Mon père avait ri, et nous aussi, et il n'avait jamais plus abordé cette question. Cela dit, je n'aurais pas été mécontente de voir la charge de travail diminuer, surtout du côté des calculs, car il me restait tant de choses à découvrir et de jeux à partager avec les autres enfants…

Une voie ferrée et des bureaux sur la Parcelle

Chapitre 12
Un drame

Dans les jours suivants, Papa a maintenu son interdiction quant à mes sorties solitaires au-delà du parking. J'étais furieuse ! Je tournais en rond dans ce minuscule jardin qui est aussitôt devenu pour moi une cage, et non plus un espace de liberté. J'en accusais bien sûr les serpents, qui étaient les premiers responsables de ma réclusion, mais, dans mes invectives que je marmonnais en boucle tout en contemplant les grilles, j'englobais au passage mon père, qui incarnait ma condamnation, ma mère, qui en était la complice servile, et, ma foi, tout ce pays intarissable d'imagination pour empêcher les petites filles comme moi de vivre heureuses.

Afin de tromper mon désœuvrement, j'ai demandé à ma mère de pouvoir aménager une plate-bande destinée à recevoir des fleurs. Mais il était inconcevable pour moi de ne pas chercher à quitter ma prison, et l'idée même d'enfermer avec moi de pauvres fleurs, d'entasser de la beauté dans ce carré de laideur, me révulsait, et je n'ai pas hésité à défendre âprement mon point de vue. Devant mon refus de réaliser mes plantations florales dans notre vilain jardinet, ma mère a accepté de bêcher pour moi une petite langue de terre située entre le parking et l'entrée de notre bâtiment. Ce morceau de terrain longeait la pelouse d'un côté et les tuyaux de béton de l'autre.

C'était mieux que rien. C'était loin de l'idée que je me faisais d'un jardin, et encore plus d'un beau jardin, mais je devais m'en contenter, et je me satisfaisais déjà que mon regard puisse porter un peu plus loin dans le paysage. J'en étais comme partiellement libérée d'une chape de morosité. À cet endroit, mes futures fleurs allaient pouvoir bénéficier de l'ombre apportée par les cylindres, mais aussi par le grand palmier proche. Dès que le sol a été prêt à recevoir mes cultures, ma mère m'a accompagnée le long de la grand-route afin de déterrer, au pied des haies sauvages, quelques fleurs avec leurs racines pour les transplanter dans ma petite plate-bande. Choisir les fleurs m'a remplie de joie, et je me sentais ce faisant à la fois riche cliente aux étals d'un marchand et déesse orchestrant la création d'un nouveau monde ! Surtout, mettant de nouveau le chemin sous mes pieds, je me suis soudain vue affranchie de mes chaînes invisibles, à nouveau vivante !

Nous sommes donc revenues avec des tagètes, des pyrèthres et quelques dahlias plein les bras. J'étais un peu fourbue, je me rappelle, de ma lutte contre la terre sèche, le dos courbaturé de mes efforts, mais droite comme une reine, et heureuse de mon trésor, toute tachée de poussière. Une fois mes fleurs repiquées, assoiffée, je me suis hâtée de leur donner à boire. Alors que j'observais fièrement ma nouvelle réalisation, j'ai vu un grand et magnifique lézard aux reflets métalliques verts et bleus descendre du palmier et s'arrêter à un mètre de moi. Qu'il était beau ! Un instant, je me souviens avoir pensé non à un animal, mais à un assortiment de pierres précieuses comme celles que j'avais entraperçues en Belgique dans un musée. Il m'a regardée attentivement et sans crainte. J'ai essayé de l'attraper, mais, contrairement à mes rats, il s'en est retourné bien vite se mettre à l'abri dans le feuillage du grand arbre. Décidément, ce dernier semblait être un lieu de rendez-vous convoité par mes amis les animaux ! Ce lézard, toujours actif durant la matinée, est ensuite venu me tenir compagnie à chaque fois que j'arrosais mes fleurs. Je le surprenais souvent, durant les chauds après-midi, à se prélasser au soleil sur un rouleau de béton tout en observant une bande de perroquets gris s'ébattre bruyamment au sommet de son logis végétal. Et je l'imitais fréquemment, étendue au soleil pour me sentir lézard, ce qui faisait que ma mère devait souvent me rappeler à l'ordre pour m'éviter de finir rôtie.

Un jour, alors que je recopiais avec application des lettres de l'alphabet, nous avons entendu des hurlements terribles suivis de pleurs sonores provenant de devant la résidence ; j'en ai immédiatement lâché mon crayon, aussi surprise qu'effrayée, et j'ai suivi ma mère, qui s'est précipitée à la fenêtre. Aussitôt, sans mot dire, elle s'est rendue dans la salle de bain et a pris sa trousse contenant ses seringues de verre et quelques petits flacons avant de s'élancer dans l'escalier. Une fois seule, j'ai regardé à mon tour vers la pelouse, avec anxiété et fascination.

Près de mon massif de fleurs, j'ai vu une jeune femme en larmes agenouillée à côté d'un relax dans lequel reposait un bébé. Bien vite, un attroupement de voisins s'est formé autour de la dame tandis que ma mère, après s'être frayé un passage parmi ces personnes, s'est mise à genoux. Cachée par les voisins qui l'entouraient, je n'arrivais plus à la voir. Peu de temps après, elle s'est redressée, et j'ai lu sur son visage une profonde tristesse. Tout en baissant les bras en signe d'impuissance, elle a fait un signe négatif de la tête aux personnes qui l'entouraient. De la petite foule ont jailli à nouveau des pleurs et des lamentations. Même si je ne comprenais pas ce qui se passait, je me sentais envahie par la détresse de tous ces gens ; surtout, j'étais clouée à l'encadrement par les cris déchirants de la mère. Et, inconsciemment, par le silence du nourrisson. D'autres voisins, arrivés sur le tard, n'ont pu que constater le décès du bébé suite à une morsure de reptile. La mère, selon ses dires, ne l'avait laissé que quelques instants seul afin d'aller chercher une boisson. Il n'avait pourtant fallu que peu de temps à une vipère pour commettre son crime et prendre la fuite. Les habitants de notre immeuble, muets de stupeur, venaient de se rendre compte qu'une morsure de vipère, contrairement aux croyances, pouvait être mortelle. Elle venait de provoquer une crise cardiaque chez un nourrisson. J'ai alors compris les inquiétudes prémonitoires de mon père quant à un éventuel drame pouvant être provoqué par un serpent; étrangement, j'ai soudain eu l'impression que mon père venait de me sauver la vie, et j'ai tout d'un coup cessé de lui en vouloir de m'avoir claquemurée et d'aspirer insatiablement à courir le paysage. Un reptile restait un animal dangereux, et j'intégrais enfin l'information dans mon petit cerveau d'enfant insouciante. Le malheur s'était bel et bien abattu sur notre petite communauté : nous n'étions plus en sécurité, et notre vigilance devait être de tous les instants.

J'ai réalisé que les jointures de mes phalanges avaient blanchi sur le bois de la fenêtre, et que mes mains étaient douloureuses de serrer avec tant de force l'encadrement : j'avais eu très peur — la mort, même lorsqu'elle touche un inconnu, devient terriblement intime lorsqu'elle frappe sous nos yeux. Je me rappelle avoir brusquement fui la vue pour me replonger studieusement dans la fastidieuse mais inoffensive copie sur mon cahier.

Durant trois jours, *La Parcelle* a été plongée dans un profond silence. Plus d'enfants qui riaient en jouant à travers l'espace. Plus de voix enjouées d'ouvriers s'interpellant. Plus de mélodies joyeuses des femmes à la tâche. Même les oiseaux semblaient avoir déserté notre ciel en signe de chagrin. Seul le bruit des machines destinées à la fabrication des tuyaux troublait le recueillement morose d'un deuil collectif. C'était la première fois que j'étais confrontée à la mort. Ma mère a tenté de m'expliquer la disparition du bébé, mais comment expliquer la mort d'un enfant à un autre enfant? Bien sûr, je percevais la gravité du moment, et les visages sombres qui m'entouraient nourrissaient mon angoisse, mais la compréhension du phénomène même du trépas m'échappait dans son caractère inéluctable et épouvantable. Elle m'a parlé de ciel, d'étoiles, de nuages, et d'une disparition physique définitive. Être et ne plus être, selon elle, faisaient partie de la vie, mais ces explications demeuraient ténébreuses pour moi. Moi, je revoyais l'attroupement d'adultes impuissants, les cris et pleurs de la mère effondrée, la tristesse inutile des voisins — et le silence incompréhensible de ce bébé. Surtout, je revoyais l'expression désolée de ma mère, qui n'avait rien pu empêcher.

Après l'enterrement de l'enfant, la vie a repris doucement ses droits. Je me suis remise à jouer, prudemment partagée entre l'arrachage du chiendent dans mes fleurs, la chasse aux timbres-poste dans la touque et les attaques de termitières et des colonnes de fourmis dans le camp militaire — mais sous haute surveillance. En effet, je devais toujours rester à proximité d'un adulte : mes parents, qui avaient constaté à quel point ma séquestration m'était insupportable, avaient convenu de me rendre en partie ma liberté, mais à la condition que je ne m'éloigne pas. D'ailleurs, suite aux événements, tous les grands de *La Parcelle* avaient convenu de maintenir une veille collective sur les enfants de la zone.

Une semaine après ce drame, un petit voisin est venu me demander si j'étais d'accord pour venger la mort du bébé en partant à la chasse aux serpents dans la forêt avec quelques copains de l'immeuble. Fatigué d'être confiné chez lui, il souhaitait éradiquer tous les serpents du coin afin de pouvoir jouer à nouveau librement et sans encourir un nouveau drame.

J'ai longuement hésité, bien sûr, avant de marquer mon accord. Si mes parents avaient eu vent de cette dangereuse randonnée, cette incartade aurait été sévèrement réprimandée ; et puis j'avais plus ou moins conscience de la dangerosité de notre expédition. Après d'interminables palabres, soit que la vigilance des adultes m'ait aidée à dépasser ma peur, soit que l'attrait de l'aventure ait supplanté ma prudence, j'ai accepté cet étrange safari à la condition que le point de départ de notre expédition se fasse à partir du jardin de mon ami. Plus que le risque de morsure, j'étais en effet gênée de montrer le mien à mes amis, mais, surtout, je ne souhaitais pas être surprise par ma mère. Notre chasse allait donc se faire à partir du jardin de mon petit voisin, un certain Albert, je crois, qui n'était d'ailleurs finalement guère plus beau que le mien. Il avait déjà réussi, à l'insu de ses parents, à faire une brèche dans le treillis donnant sur le bois, et il avait fixé le début de cette chasse au lendemain.

Le jour suivant, nous nous sommes réunis à cinq ou six à l'arrière de son appartement. Nous avons fait semblant de jouer aux billes. Tout adulte un peu attentif aurait immédiatement perçu que quelque chose d'anormal se passait, car nous ne jouions pas vraiment, et nos conversations, étouffées, étaient loin de refléter la gaieté turbulente des jeux d'enfants ; mais quel adulte affairé se souvient encore de la vivacité insouciante de l'enfance et prête réellement attention aux activités fantasques de ces petits êtres sans logique ? Nous étions en réalité tous pétrifiés d'excitation et d'appréhension, et complètement absorbés dans nos plans et recommandations, que nous nous chuchotions fébrilement sur le ton de conspirateurs à l'aube de l'assaut décisif. Au signal donné, nous avons saisi les bâtons alignés en rang d'oignons sur le sol, et, tout en vérifiant que personne ne nous regardait des barzas et des fenêtres, nous nous sommes prestement engouffrés dans l'échancrure du treillis.

Enfin commençait l'aventure que j'attendais vaguement depuis mon arrivée, depuis mon premier regard posé sur ce paysage plein de mystères ! Bien alignés et espacés de quelques mètres, nous avons entamé notre battue en frappant le sol à l'aide de nos bâtons afin de déloger les intrus. Nous avions vu faire les adultes et nous sentions assez sûrs de nous. Pour ma part, je mettais toute ma force dans cette percussion dont, je le savais parfaitement, dépendaient l'efficacité de notre chasse et notre survie. Les vibrations occasionnées par les coups frappés devaient faire fuir les plus peureux. Quant aux plus téméraires, ils seraient assommés sur-le-champ. Sous les feuilles mortes, je pouvais entendre les bruissements occasionnés par les serpents en fuite. Mes mains étaient cramponnées à ma branche, et je me suis imaginé que je ne parviendrais plus à les en décoller. Je peinais à me mouvoir dans les entrelacements de racines, et des odeurs nauséabondes de débris végétaux et de cadavres d'animaux en décomposition envahissaient mes narines. L'enfant qui me flanquait m'exhortait à presser le pas tandis que je m'inquiétais de l'avance prise par les plus grands, devant, et que j'essayais de redoubler d'efforts pour les rattraper.

Cette gigantesque et mystérieuse forêt m'impressionnait terriblement, et mes perceptions en étaient comme gavées jusqu'à l'abrutissement de nuances de vert et de parfums lourds d'humidité, de sensations et de bruits. La végétation y poussait dans tous les sens et emplissait tout l'espace. Cette jungle inextricable était composée de hauts arbres, auxquels s'accrochaient vaillamment des plantes parasites, hôtes indésirables et assoiffés de cette lumière qui nous manquait pour être pleinement à l'aise sous le couvert. À leurs pieds poussaient des arbustes, des arbrisseaux, et une multitude de buissons qui compliquaient notre marche. Dans ce fouillis végétal, chaque plante luttait pour sa survie en grappillant de l'humidité et du soleil afin de croître et multiplier. De temps à autre, entre les chocs de nos cannes improvisées et les craquements des branches et feuilles mortes sous nos pieds, je pouvais entendre le cri d'un oiseau dérangé ou des bourdonnements d'insectes. Cependant, cet endroit ne contenait aucune note de couleur en dehors des nuances innombrables de vert. N'y avait-il donc pas de fleurs ?

Toute cette végétation rendait ma progression de plus en plus difficile. J'aurais aimé pouvoir me procurer le coupe-coupe de Papa afin de me frayer plus aisément un passage dans cet univers insolite et hostile, mais je n'avais pas osé braver l'interdit parental en dérobant cette dangereuse lame. Au bout de quelque temps, lassée de devoir écarter les branchages avec mon bâton, fatiguée des efforts épuisants que je devais faire à chaque pas et rongée par une appréhension qui montait en moi au fur et à mesure que nous nous enfoncions loin de chez nous dans cette jungle touffue, j'ai commencé à songer que nous avions déjà fait fuir assez de reptiles pour être fiers de nous, et j'ai rebroussé chemin. Mes amis n'ont pas tardé à faire de même.

Nous étions ravis de pouvoir quitter cette atmosphère humide, chaude et peu lumineuse, mais, satisfaits de notre échappée, pleins de l'orgueil des aventuriers rentrant triomphants de leur quête, et nous nous sommes promis d'y retourner encore deux fois.

Le troisième jour, enhardie par mes explorations précédentes et par notre impunité face aux adultes qui semblaient valider notre témérité par la baisse de leur vigilance, mais aussi dépitée de n'avoir trouvé aucun serpent à assommer, je me suis enfoncée toujours plus loin dans le bois, mais seule, cette fois-ci. Notre précédente équipée s'étant déroulée sans anicroche, mon inquiétude avait disparu, et ne demeuraient que l'excitation de l'exploration et le contentement de faire mon devoir. Je songeais en marchant au récit de mon parrain à propos de la conquête du Congo. Tout comme Stanley, je me sentais l'âme d'une aventurière partant à la découverte d'une forêt primitive vierge de toute présence humaine en dehors de celle des indigènes. Soudain, une lumière éblouissante filtrant entre les fûts des arbres m'a tirée de mes pensées : il m'a semblé que je m'approchais de la lisière de la forêt, et j'en ai eu la confirmation en découvrant une étendue herbeuse bordée en son fond par des plantations de canne à sucre ; derrière elles, l'horizon était à nouveau barré par des arbres.

Quelle n'a pas été ma déception lorsque j'ai réalisé que cette cathédrale de verdure qui flanquait *La Parcelle* était certes large, mais peu profonde ! J'imaginais cette forêt gigantesque, mais il n'en était rien… Que pouvait-il y avoir au-delà des arbres que j'apercevais de nouveau au loin ? Pierre, lors de son arrivée chez nous, m'avait parlé de son village de huttes en me montrant la forêt. Ce village se trouvait-il de l'autre côté de cette nouvelle ligne boisée, puisqu'il n'était manifestement pas ici ? Pour en avoir le cœur net, il me fallait trouver un moyen plus aisé afin de prolonger mon périple.

Le perroquet de ma mère me surveille depuis la barza

Chapitre 13
La punition

Mes interrogations devant cette brousse m'avaient fait perdre la notion du temps. Il était grand temps pour moi de rentrer au plus vite. Au loin, je pouvais d'ailleurs entendre mes copains s'interpeller afin de faire demi-tour. À l'écoute de leurs voix distantes, je me suis rendu compte que je m'étais engagée dans une prospection bien plus longue que prévu. Par deux fois, nous avions eu la chance de ne pas nous faire prendre. Cette fois-ci, je devais absolument me hâter pour ne pas que mes parents me surprennent. Par ailleurs, ainsi isolée, j'ai pris brusquement conscience de ma vulnérabilité face aux proies que nous étions venus pourchasser, et qui pouvaient désormais tout à fait devenir mes propres prédateurs. J'ai donc pressé le pas pour rejoindre mes camarades.

Soudain, sur le chemin du retour, il m'a semblé apercevoir des taches colorées. Oubliant serpents et clairière, je me suis approchée de ces couleurs intrigantes, qui semblaient provenir d'un arbuste. Tel Moïse, je suis tombée en extase devant un buisson ardent piqueté de magnifiques fleurs rouge et jaune dont les pétales avaient une forme récurvée. Cet arbuste était la preuve évidente que des fleurs spectaculaires pouvaient prospérer dans une forêt tropicale. Brûlant d'envie d'emporter ce buisson avec moi afin de le repiquer dans mon jardin d'agrément, je me suis mise à essayer de le déterrer. J'ai tiré de toutes mes forces sur son pied, mais il ne cédait pas. Je l'ai ensuite saisi par ses tiges volubiles, mais ces dernières résistaient comme des lianes en s'enroulant à l'aide de leurs vrilles aux branches environnantes.

Lassée de ce combat perdu d'avance, épuisée, les muscles et la peau endoloris, je me suis affalée sur le sol. La forêt était devenue une étuve dépourvue d'un vent rafraîchissant. Dégoulinante de sueur, pleine de griffures sur les membres, de souillures sur ma robe et de sève sur les mains, j'enrageais. Dépitée de n'avoir pas su m'emparer de cette plante récalcitrante, je me suis levée péniblement, et, pour me consoler de ma défaite, je lui ai volé une brassée de ses jolies fleurs. Cette tentative d'arrachage infructueuse m'avait fait perdre plus de temps encore, et je ne faisais plus la fière : à mon arrivée à la maison avec des fleurs que l'on ne trouvait nulle part ailleurs qu'en pleine jungle, j'allais signer la fin de mes périples dans le bois, et, si je n'en avais pas précisément conscience encore, je sentais obscurément une menace peser sur moi, un sentiment de faute et de châtiment imminent.

De leur côté, mes copains étaient rentrés depuis belle lurette, eux. Je me suis faufilée par la brèche dans le treillis du jardin d'Albert ; personne ne m'a vue. Je suis sortie par son corridor et me suis dirigée vers mon entrée, fébrile, prête à savourer ma victoire… mais non : ma mère, les bras croisés, attendait mon retour au bas de l'escalier. Elle avait la mine sombre, et il y avait de quoi. Je n'étais pas rentrée à temps pour le déjeuner, et son expression réprobatrice, que je ne lui connaissais pas encore, suffisait à me convaincre de mes torts. Malheureusement pour moi, je n'étais pas assez en retard pour échapper à mes cours particuliers de l'après-midi ! Je m'apprêtais à rentrer, tête basse, sous les foudres maternelles, quand, à la vue de mon bouquet de fleurs, elle s'est exclamée :

— D'où viens-tu ? Tu te promènes avec des gloriosas ! Des lys de Malabar ! Ces plantes sont très belles, mais extrêmement toxiques, et de la tête aux pieds ! Je n'en ai pas vu le long de la route du camp : où les as-tu cueillies ? Pour couronner le tout, ta peau a l'air collante, tes bras sont écorchés, et ta robe est abîmée. J'aurais dû te mettre un kapitula ! À te voir débraillée ainsi, j'ai l'impression que tu reviens d'une expédition dans la jungle ! D'abord au bain, ensuite tu manges, et puis explications !

Après m'avoir récurée à fond et habillée de propre, elle m'a obligée à manger avant de m'imposer de m'asseoir dans le fauteuil. Je me taisais, tremblante d'appréhension, lourde de culpabilité, tandis qu'elle m'observait avec attention. Elle attendait une éventuelle intoxication par la gloriosa, m'a-t-elle expliqué entre deux silences. Voyant que je ne devenais pas malade, elle m'a obligée à tout lui raconter.

La voix d'abord fêlée par l'émotion, puis de plus en plus ferme au fur et à mesure que mes mots trouvaient leur chemin, je lui ai avoué que j'étais allée chasser les serpents et que, de détour en détour, j'avais aperçu près d'une clairière un magnifique buisson de fleurs. Je ne lui ai pas révélé que cette sortie était la troisième et qu'elle n'avait pas été faite en solitaire : je ne voulais absolument pas impliquer mes amis. Et je ne voulais pas aggraver mon cas. Déjà furieuse, elle m'a traitée d'inconsciente. Selon elle, un serpent ne se rencontrait pas que sur le sol : il pouvait se balader sur les branches des arbres, et il n'était pas rare qu'il se laisse tomber sur la personne qui passait en dessous de lui. Je comprends désormais que sa colère prenait racine dans sa peur rétrospective de m'avoir sue sans défense et isolée dans une jungle sauvage et dangereuse, et je réalise en effet à quel point j'ai été téméraire !

Ensuite, elle a saisi mon bouquet avec précaution et l'a mis dans un vase. En reculant d'un pas, elle n'a pu s'empêcher de s'extasier devant la dangereuse beauté de ces plantes. Elle était comme ça, ma mère : elle pouvait passer d'une extrême sévérité à une douceur sans limites. Moi, toujours assise dans le fauteuil, j'attendais avec angoisse l'énoncé de ma punition. Ce dernier est tombé peu de temps après : interdiction de sortir de l'immeuble durant une semaine, sauf pour aller jouer dans le jardin arrière.

Une semaine de punition, c'était alors sévère à mes yeux d'enfant, mais je trouve aujourd'hui cette sanction bien légère ! Elle m'avait toutefois prise par mon talon d'Achille, car elle connaissait mon aversion pour cet endroit. Dans mon malheur, j'ai eu quand même de la chance : si elle avait eu vent de mes deux autres sorties, j'aurais peut-être écopé de trois semaines d'enfermement. Ou pire : l'interdiction de fréquenter les autres enfants !

Mais cette satisfaction s'est rapidement évaporée lorsque, après avoir aidé Pierre avec l'essorage du linge, je me suis retrouvée seule et en cage. En dehors de notre boy, je ne voyais plus personne. Mes copains, qui avaient échappé au châtiment, jouaient paisiblement et librement sur la pelouse avant et dans *La Parcelle,* et ils se souciaient peu de mon absence. Il ne me restait plus qu'à périr de mélancolie sur la barza, ou dans ma cage herbeuse.

En milieu de semaine, alors que je me désolais sur le balcon, j'ai entendu Pierre m'appeler. Par-dessus le bastingage, je l'ai vu sourire de toutes ses dents en levant son regard vers moi. Il m'a demandé si je ne regrettais pas l'école maternelle. Je lui ai évidemment répondu par la négative. Je n'avais pour seul regret que ce beau poisson rouge que je ne réaliserais jamais. J'étais prête à entreprendre beaucoup de choses pour tromper mon ennui, mais je refusais catégoriquement de remettre les pieds dans cette école. Puis, acquiesçant de la tête, il a mis un index sur ses lèvres et continué son repassage tout en chantonnant. Visiblement, notre boy venait d'avoir une idée. Mais laquelle ?

Au retour de mon père, je l'ai suivi du regard quand il a couru vers la Jeep. Les deux hommes se sont mis à discuter en faisant de grands gestes. Pierre étendait ses bras en largeur, puis en hauteur. Il semblait montrer les dimensions d'un objet. Mon père lui répondait en faisant des gestes plus petits. J'étais frustrée de ne rien entendre, et ma curiosité quant à cette idée, qui devait forcément me concerner, me libérer et faire mon bonheur, rendait mon attente insupportable ! J'aurais aimé être l'un de mes rats tapis dans le palmier afin d'écouter leur conversation. Après être rentré à la maison, mon père s'est attablé pour déjeuner. Son repas avalé, il a dit à ma mère qu'il devait absolument se rendre en ville afin d'acheter un nouveau bac de trempage pour le linge, et qu'il klaxonnerait dès son retour pour avoir de l'aide afin de sortir le récipient de la voiture. Ma mère m'a regardée, étonnée : nous avions bien assez de baquets, et nous n'avions pas besoin d'un nouveau, lourd de surcroît. Moi, je ne pouvais m'empêcher de penser à quelque objet formidable rapporté spécialement pour moi, et mon imagination m'entraînait vers des idées plus excentriques les unes que les autres.

Peu avant la tombée de la nuit, j'ai enfin entendu un coup de klaxon. Maman est descendue tout aussitôt rejoindre mon père sur le parking. Condamnée à rester enfermée, je me suis bien évidemment précipitée à la fenêtre. De ma tour de guet, j'ai vu mes parents sortir du véhicule un grand récipient aux parois translucides. Cet objet semblait très lourd : mes parents peinaient à le porter. J'étais déçue. Une énième bassine ? Certes transparente, oui, mais seulement une de plus ? Rien de bien palpitant — en tout cas pas pour moi. Ensuite, puisque je n'avais rien de mieux à faire, je les ai regardés poser l'étrange récipient sous la barza, juste à côté de la lessiveuse. Curieuse, je suis quand même descendue pour regarder le bac. C'était un énorme baquet de forme rectangulaire et aux parois de verre.

Bon.

Maman allait avoir bien plus de facilité pour observer les salissures se détacher du linge. Et ça pouvait être amusant, après tout…

Le lendemain matin, j'ai attendu l'arrivée de Pierre afin de lui montrer notre nouveau récipient. Je l'ai vu déboucher sur le parking, encombré d'un grand seau en fer qui semblait bien lourd, lui aussi. Il avançait péniblement en ployant sous le poids de ce dernier et le posait à intervalles réguliers. De la fenêtre, je n'ai pu apercevoir ce qu'il y avait dedans, mais, à chacun de ses pas, je voyais un peu d'eau en sortir. Lorsqu'il est arrivé sous la barza, j'ai entendu un bruit d'eau. J'étais persuadée que Pierre venait de transvaser cette eau dans notre nouveau récipient. Pourquoi notre boy amenait-il de l'eau de chez lui alors que nous en avions ? Il lui aurait suffi d'ouvrir le robinet !

Intriguée, je suis allée le rejoindre. Et, en arrivant en bas, quelle surprise merveilleuse ! Au travers des vitres du bac, qui était en réalité un grand aquarium, évoluaient non pas des poissons de plâtre, mais trois vrais poissons. Pierre m'a expliqué que c'étaient des poissons-chats pêchés par lui dans une rivière proche de son habitation. Je me souviens que j'ai ri de plaisir et n'ai cessé de le remercier pendant de longues minutes ! J'ai admiré ces magnifiques poissons que je voyais pour la première fois : ils étaient sombres, et, en effet, ils étaient pourvus de barbillons ressemblant aux moustaches d'un chat. Il m'a conseillé, pour les nourrir, de leur donner des vers de terre, que je pouvais trouver en grand nombre dans la forêt sur laquelle donnait le fond du jardin. Il avait négocié avec mes parents une autorisation de pouvoir m'enfoncer de quelques mètres dans le bois afin de trouver de la nourriture pour mes bêtes. Au fond de moi, je savais que cet arrivage de poissons était un subterfuge pour me forcer à aller dans notre jardin, mais cela a fonctionné, et j'étais ravie de la présence de mes nouveaux pensionnaires ! J'étais même prête, pour les nourrir correctement, à traverser ce lopin de terre détesté pour aller à la chasse aux vers. Je n'ai pu m'empêcher d'embrasser Pierre en le remerciant encore de m'avoir trouvé une si agréable occupation. Par la même occasion, j'ai remercié aussi mes parents, qui semblaient après tout avoir été de mèche dans cette combine.

Nous approchions du week-end, et ma punition semblait être levée, car ma mère m'a proposé d'aller le dimanche suivant en balade avec mon parrain, au Jardin zoologique et au parc de Bock. J'étais excitée à l'idée de cette nouvelle aventure, bien sûr, mais j'attendais aussi ce jour avec impatience, car je comptais bien profiter de l'occasion pour lui poser des questions sur notre forêt.

Maman examine un enfant dans un village

Chapitre 14
Le Belge

Arrivé au dimanche, j'étais tout aussi fébrile que pour mes promenades au belvédère ou aux chutes de Kinshuka ! Je ne tenais plus en place : de nouvelles aventures et des découvertes fantastiques m'attendaient, à n'en pas douter ! Ma mère m'a donné une boîte à cigares en bois et m'a demandé d'y mettre mes timbres-poste à l'effigie des animaux et des fleurs du pays. Elle m'a dit que, lors de notre promenade, je pourrais retrouver des animaux et des plantes semblables aux images sur les timbres : une formidable chasse aux trésors s'annonçait ! Elle souhaitait visiblement m'occuper en joignant l'utile à l'agréable, mais je me faisais une joie de passer cet après-midi en compagnie de mon parrain et de ma marraine. Je les voyais bien sûr souvent lorsque nous allions chez eux ou lorsqu'ils venaient chez nous, mais, ici, j'allais les rencontrer à nouveau dans un contexte différent et bien plus agréable.

Le parc Ferdinand de Bock était un jardin botanique ouvert au public. Il se situait en face du Jardin zoologique. Il avait été construit sur un gigantesque marais asséché planté d'eucalyptus. L'entrée principale s'ouvrait sur l'avenue du Marché. On pouvait y admirer des dizaines d'essences d'arbres différentes côtoyant des fleurs rares congolaises ou tropicales. Cet écrin de verdure était un lieu de détente pour les citadins. On pouvait s'y promener, pique-niquer ou assister à des événements publics. Il était parcouru d'allées principales et secondaires. Au détour de petits sentiers, on pouvait découvrir des édifices en béton tels qu'une grotte artificielle, une gloriette, et même croiser une réplique en ciment de notre Manneken-Pis national. Les chemins de promenade étaient jalonnés de bancs publics en béton.

Moi qui avais exploré la jungle alentour, j'étais émerveillée du foisonnement des espèces et de l'organisation rigoureuse des parcelles, dont les chemins tracés comme à la craie permettaient d'explorer sans effort les richesses !

Mes parents ont décidé de n'emprunter que les allées principales, car, après cette balade, il nous fallait encore visiter le Jardin zoologique. Nous renoncions de fait ainsi à une infinité de chemins devenus plus intrigants que jamais à cause du mystère jeté sur eux par leur éviction, et je me tordais le cou au croisement pour tenter d'en apercevoir les énigmatiques secrets, un œil fébrile papillonnant dans la luxuriante végétation, l'autre farfouillant dans ma boîte en pestant devant sa désorganisation : il me faudrait trouver une méthode de classement plus efficace !

Mon père et mon parrain ouvraient la marche. Le premier parlait chantier, le second courrier. Ma mère et ma marraine de remplacement discutaient chiffons. Je restais à la traîne, gambadant d'un massif à l'autre à la recherche d'une plante se trouvant dans ma collection de timbres. Lorsque j'en trouvais une, ma mère me traduisait le nom latin inscrit sur le timbre avant d'inspecter ma trouvaille sous toutes ses coutures. Je prenais un malin plaisir à comparer les fleurs et à en déceler les moindres différences. Il n'était pas question pour moi d'emporter une fleur, surtout pas dans un jardin botanique ! Alors je me gorgeais de leur perception pour en capter dans ma mémoire les plus infimes détails de leurs formes, de leurs couleurs, de leurs textures et de leurs parfums.

À la fin de notre randonnée, nous nous sommes reposés sur un banc. J'ai beaucoup aimé visiter ce lieu agréable. Cependant, j'ai trouvé que le béton n'y avait pas sa place : il dénaturait ce domaine paisible dédié à la biodiversité congolaise. Des édifices en bois ou en pierre auraient mieux trouvé leur place dans cet endroit qui se voulait un concentré de nature.

Ensuite, à ma grande joie et avec l'effet de renouveler mon appétit de découverte et mon excitation, nous nous sommes rendus au Jardin zoologique. Situé juste en face du Jardin botanique, il était également un endroit de détente. De conception moderne, les familles pouvaient passer de beaux moments à l'ombre des grands arbres. On y organisait aussi des événements, dont l'annuelle chasse aux œufs de Pâques destinée aux petits citadins. Un restaurant permettait aux visiteurs de se sustenter. Quant aux animaux, ils représentaient un large éventail de la faune d'Afrique centrale, évoluant dans son habitat naturel. Ma mère m'a dit que le zoo avait connu de gros problèmes financiers un an après ma naissance : la direction ne parvenait plus à entretenir le site ni à alimenter ses pensionnaires. Afin de renflouer ses caisses, la Poste avait émis une série de timbres consacrés aux animaux. Je possédais justement dans ma boîte en bois quelques-uns de ces magnifiques timbres. Ainsi dépositaire de ce trésor, je me suis soudain figurée que j'avais sauvé tous ces magnifiques animaux d'une mort atroce par inanition, et que c'était un peu grâce à moi que nous pouvions déambuler parmi eux dans ce lieu fantastique : j'avançais donc presque en monarque, puisant en imagination dans ma boîte non plus des images, mais des titres de propriété.

Tout comme au Jardin botanique, nous avons emprunté les allées principales bordées de vastes enclos et de nombreux massifs de fleurs. Nous avons croisé un gracieux okapi originaire de la région de l'Ituri, un magnifique moulin à vent servant de pigeonnier, des lions féroces, des girafes aux cous gigantesques, des autruches peu farouches, des crocodiles dangereux essayant d'attraper les visiteurs au travers des larges mailles de leurs clôtures grillagées, ainsi qu'une foule d'autres animaux. J'en prenais plein les yeux et allais de fascination en épouvante, admirant les colosses de la savane aux cous graciles, fixant avec effroi les crocs voraces des fauves rugissants, ou frissonnant avec respect devant les mâchoires acérées des reptiles silencieux. Mon père a voulu absolument me présenter Marcel, un chimpanzé qui fumait des cigarettes pour divertir les visiteurs, mais l'hilarité qu'il espérait de moi n'est pas venue : quelle triste destinée pour cette bête, en effet ! Lui aussi, comme d'autres hôtes de ce parc, vivait dans un sale abri de ciment, une prison munie de barreaux de fer sur l'avant. Les décors, les abris des animaux et le mobilier du parc étaient également en béton. Ce matériau moderne, disgracieux et de mauvais goût, s'insinuait partout et jurait dans ce milieu soi-disant naturel où des animaux sauvages, privés de liberté, s'exhibaient pour le bon plaisir des promeneurs. Ma sensibilité me faisait ressentir une souffrance plus marquée encore devant ce primate qui, nous ressemblant tant, me paraissait d'autant plus cruellement emprisonné et humilié.

À la fin de notre visite, mon parrain nous a proposé de prendre une collation sur la terrasse ombragée du restaurant, ce à quoi mon estomac a réagi avec un empressement qui a vite chassé les nuages noirs de mes pensées : cette longue promenade m'avait absolument ouvert l'appétit, et je me sentais de taille à avaler un zèbre ! C'était à ce moment que, ne perdant pas le nord et restant néanmoins accrochée à mon idée fixe du moment, j'en avais profité pour aborder le sujet de notre forêt et de ce qui se cachait derrière. Ma mère a tenté alors de me donner des explications.

Il y a bien longtemps, le Jardin botanique et le Jardin zoologique, totalisant une superficie de dix-huit hectares, faisaient partie d'un plan urbanistique. Ce gigantesque no man's land arboré avait pour but de séparer la cité administrative et européenne, située au nord des cités africaines installées au sud. Cette zone neutre était aussi censée protéger les colons d'éventuelles épidémies. La mention de ces villes autochtones dont il fallait se tenir à distance, et notamment à cause de maladies terribles, me rendait le mystère de cet horizon masqué par la forêt encore plus intéressant, mais aussi plus inquiétant.

Lors de la création de cette ceinture végétale, les Blancs et les Noirs ne se fréquentaient guère. Les Africains travaillant sur les chantiers, dans les entreprises, chez les particuliers et au centre-ville, ils arrivaient tôt le matin, et, une fois leur travail terminé, s'en retournaient le soir chez eux. La mixité raciale étant mal vue, chacun restait de son côté. Une sorte de ségrégation s'est constituée.

J'ai repensé à notre bon Pierre, si gentil et si bon vivant, et je ne parvenais pas vraiment à faire le rapprochement entre la méfiance envers les Noirs et cet homme si sympathique ; je me le figurais tout sourire, son bon rire franc accompagnant mes jeux, et la menace de pandémie devenait pour moi un concept trouble et mystique. Néanmoins, je sentais bien dans les explications de ma mère et le grave assentiment des autres adultes qu'il y avait bien là quelque chose d'essentiel, de constitutif d'un équilibre précaire dans la rupture duquel nous aurions tout à perdre. J'écoutais donc avec solennité toutes ces explications que ma mère me prodiguait, et dont le sérieux me grandissait de l'impression d'être considérée comme une adulte capable de comprendre toutes ces choses. Alors, je faisais de mon mieux pour écouter et saisir la complexité des concepts et des implicites.

Je comprends mieux aujourd'hui le caractère prophétique de cette discussion d'alors, sur un banc ombragé à la terrasse du Jardin zoologique, et à quel point elle annonçait dans les esprits la conscience de la guerre d'indépendance à venir. Je comprends mieux aussi ce qui se passait dans la tête de ces adultes venus et établis en conquérants dans un pays pris par force et par ruse. Je ne pouvais pas, dans les premiers temps de ma compréhension adolescente, m'empêcher de condamner le colonialisme, excusant enfin la violence des indépendantistes qui nous avaient chassés par les balles et le feu de nos foyers et de nos vies paisibles. Avec le recul de ma longue vie, je prends mieux en compte la subtilité de l'intelligence, et comment un système, dans un contexte donné, impose ses valeurs et fonctionnements aux esprits les plus aimables, travestissant la réalité pour en modifier l'appréhension, et je pardonne aujourd'hui sans mal l'attitude coloniale de mes proches — si tant est que j'aie seulement à condamner ou gracier les comportements de mes aïeux... Autres temps, autres mœurs.

Dans la partie européenne de la ville, de grands efforts avaient été fournis afin de rendre la cité agréable à vivre. Tous les bâtiments publics et privés étaient neufs, et souvent construits dans le style Art déco. La plupart disposaient de l'électricité, du téléphone et de l'eau courante. Les avenues, spacieuses et arborées, accueillaient des automobiles magnifiques, dont de belles américaines. Des écoles, des dispensaires, des bâtiments administratifs, des hôpitaux, des entreprises, des lieux de loisirs avaient été créés, ainsi qu'un port et un chemin de fer. Léopoldville se devait d'être une réplique parfaite d'une ville belge. Des équipes d'ouvriers communaux pétrolaient sans relâche toutes les végétations afin d'éradiquer les mouches dangereuses et les moustiques porteurs de la fièvre jaune et du paludisme. Cette cité était une cité-jardin, un habitat urbain propre, aseptisé, où la nature restait à sa place. Cette ville était magnifique avec ses bâtiments peints en blanc. Elle était surnommée «*La Ville blanche*» ou «*Léo la belle*». Et elle était en effet une enclave d'Europe en plein cœur de l'Afrique, un écrin protégé, notre paradis — une anomalie.

De l'autre côté de la zone neutre, en revanche, dans les cités indigènes, il n'y avait aucune règle d'hygiène. La nouvelle ville attirait comme un aimant des populations quittant des zones rurales aux conditions de vie difficiles. Ces exodes charriaient un très grand nombre d'Africains cherchant un meilleur travail doublé d'un bon salaire. Il y avait un réel déséquilibre entre le nombre de ces nouveaux arrivants, les emplois disponibles et les logis décents qui pouvaient leur être attribués dans la ville. Les constructions de nouvelles maisons n'arrivaient pas à suivre ces incessants arrivages de main-d'œuvre. De plus, ces arrivées massives d'individus suivies de regroupements de populations frappaient l'imagination des Blancs. Ces derniers, se sentant largement minoritaires en nombre, avaient peur d'approcher ces personnes de culture différente et supposées propager des maladies tropicales. Certains Blancs pensaient aussi que les Noirs étaient des personnes très dangereuses et représentaient une menace pour leur vie. Et leur nombre croissant n'était pas fait pour rassurer les enclavés de ce bastion blanc.

Si cette zone tampon avait bien joué son rôle de barrière sanitaire, elle avait aussi scindé la communauté en deux : d'un côté les Blancs vivant dans une ville à l'hygiène parfaite, de l'autre des Africains s'entassant dans des bidonvilles insalubres. Ces façons de vivre ne pouvaient nourrir que des sentiments de méfiance néfastes à une cohabitation harmonieuse.

Pourtant, depuis la création de cette frontière naturelle, des efforts avaient été faits pour aménager la zone indigène : création d'habitats décents, d'écoles et de dispensaires. Mais, pour cela, il avait fallu exproprier des habitats précaires, constitués de huttes et de maisonnettes en tôle de réemploi et de quelques maisonnettes en matériaux durables, afin de créer de nouvelles agglomérations. De plus, en s'agrandissant, la ville repoussait toujours un peu plus vers le sud les très nombreux nouveaux arrivants. Convertir ce que l'on pouvait qualifier de taudis en cité proprette afin de résorber ce déséquilibre prenait beaucoup de temps, et ça semblait être une course contre la montre perdue d'avance. De nouvelles entreprises de construction, d'assainissement et d'aménagement du milieu avaient beau être créées, cela n'était pas suffisant pour absorber le flux de ceux qui venaient tenter leur chance en ville. Selon ma mère, dans notre ville champignonnière, tout allait vite, bien trop vite.

Tandis que j'évoque dans des mots simples et confus ce que j'ai compris de la situation démographique perturbée de mon Congo d'enfance, encouragée par le regard doux de Sœur Agnès, mes nouvelles camarades de classe me fixent de leurs grands yeux effarés, sans doute impressionnées par le fantasme épouvantable que je dessine avec mes hordes noires et contagieuses venant prendre d'assaut les villes d'Europe pour y semer mort et destruction. Ce que l'esprit peut concevoir, parfois, dans son ignorance !

Désormais, Léo s'était fortement étendue vers le sud. De part et d'autre de l'avenue Joséphine Charlotte, des terrains en friche, lotissements divisés en parcelles, attendaient d'être construits. Une nouvelle zone tampon avait été créée au sud-ouest de la ville. Cette dernière commençait à la clôture du fond de mon hideux jardin et s'étirait loin vers l'ouest. Pour des raisons militaires, elle avait épargné la vaste étendue du champ de manœuvres du camp, qui faisait la jonction entre Léo est et Léo ouest. Ainsi, nous étions en première ligne d'un conflit que je ne soupçonnais pas, à la frontière d'une Europe conquérante et d'une Afrique pour un temps encore soumise et pacifique.

C'était avec un grand étonnement, mais aussi avec beaucoup de tristesse, que je venais enfin d'apprendre la vérité sur cette forêt que je pensais magique et mystérieuse. Je comprenais aussi pourquoi elle était plus longue que large : ce n'était qu'une ceinture végétale destinée à séparer la fin de la nouvelle ville, en l'occurrence *La Parcelle*, d'une zone d'habitats provisoires s'étendant jusqu'aux collines. Pierre avait raison en montrant le bois. Il y avait bien des habitations : non pas comme je le pensais dans la forêt même, mais au-delà de l'étendue herbeuse et des plantations de cannes à sucre. Cette contrée mise au ban de la société européenne et constituée de bidonvilles était surnommée « *le Belge* ». Mais je ne percevais pas alors l'ironie humiliante de ce surnom : on avait glorifié mon père d'un tel titre en son temps, mais, ici, ce mot sonnait en fait comme une violence de plus exercée sur un peuple qui ne demandait rien, et dont on bafouait l'identité et les droits par avance avec la langue, comme une promesse de soumission future.

Après ces révélations, je n'avais plus le cœur aux plaisirs de la balade : j'avais hâte que cette magnifique journée se termine. Il m'était en effet pénible de penser que mon ami Pierre puisse habiter dans une maison dépourvue de toutes les commodités. Et je sentais obscurément que ce n'était pas en la matière la seule injustice à déplorer. J'avais la chance de vivre dans la zone privilégiée, alors que, quelques centaines de mètres plus loin, s'entassait une population dans le besoin. Sur le chemin de retour, j'avais repensé à cette journée inoubliable consacrée à la visite de ces deux beaux domaines. Néanmoins, maintenant qu'on m'avait dit ce qu'il y avait à découvrir derrière cette forêt qui narguait déjà mon horizon, je n'avais plus qu'une envie, toujours la même, plus impérieuse encore, puisque ma curiosité première avait été nourrie de raisons supplémentaires de vouloir se satisfaire : me rendre compte par moi-même de ce que pouvait être ce *Belge*.

Chasse aux œufs de Pâques dans le Jardin zoologique

Chapitre 15
Le village de cases

Après cette discussion, mes jeux sur *La Parcelle* m'ont semblé mornes et sans intérêt. Je n'avais que trop vu les mêmes paysages et les mêmes amis. Je ressentais à nouveau le besoin de partir à l'aventure, espérant faire de nouvelles découvertes. De plus, *Le Belge* m'obsédait, attisant ma curiosité chaque jour un peu plus. Ce lieu semblait être un endroit propice à satisfaire ma soif de curiosité.

Un jour, alors que je me rendais au camp militaire, j'ai aperçu un groupe d'enfants africains se tenant à l'écart de mes copains blancs. Maman avait raison : il y avait effectivement un réel manque de dialogue entre les deux communautés. Les deux groupes s'amusaient, relativement proches l'un de l'autre, mais sans jamais se mêler. Ils affichaient même un certain mépris les uns envers les autres, qui me mettait mal à l'aise. Que devais-je faire ? Aller me jeter tel un mouton de Panurge dans les jeux de la communauté européenne, ou faire à contre-courant la connaissance des petits Africains ?

N'écoutant que ma conscience, je me suis dirigée vers les petits Noirs en constatant avec bonheur qu'il y avait parmi eux des petites filles de mon âge. Bien évidemment, mes copains blancs n'ont pas apprécié mon attitude. Ils m'ont exhortée à revenir auprès d'eux et à ne pas frayer avec ces gens-là ! Confortée dans le choix de mon groupe par leurs petites attitudes d'adultes blessants, offusquée par leurs propos ségrégationnistes, j'ai fait le choix non seulement de rester auprès des petits Noirs, mais aussi de leur prêter mon vélo et mes poupées. Les petites filles semblaient fascinées par mes jouets, et j'en ai retiré par ricochet un plaisir plus grand, fait d'un surcroît d'estime de moi à être la cause d'un tel intérêt. En échange, elles m'ont offert quelques poignées d'arachides grillées. J'ai trouvé ces aliments tellement délicieux que je leur ai demandé où je pouvais m'en procurer, incapable d'envisager désormais ma vie sans cette savoureuse denrée qui venait révolutionner mon régime alimentaire.

Mais ces enfants ne semblaient pas scolarisés : ils ne parlaient pas le français, et j'avais bien du mal à comprendre leur dialecte. Il s'est alors installé entre nous un dialogue de sourds émaillé de gestes, de mimiques et de rires. Une fillette, qui a réussi à saisir le sens de ma question, m'a alors tirée vers le bord de la route et m'a montré du doigt une Africaine se trouvant sur le bas-côté de la route, non loin du croisement avec l'avenue Joséphine Charlotte. Cette dame, marchande ambulante, se tenait debout près d'une petite table dans l'attente d'hypothétiques clients.

Avant de rentrer pour déjeuner, je suis donc allée à la rencontre de cette indigène, impatiente de découvrir le secret de ces délices exotiques. Sur la table étaient posés d'alléchants cornets en papier journal emplis d'arachides grillées. Elle m'a dit qu'elle vendait ses cornets cinq francs congolais. Voyant que j'étais bien jeune pour avoir de l'argent sur moi, elle m'a proposé de visiter sa petite exploitation d'arachides, située juste derrière elle, et j'ai immédiatement accepté, ravie d'explorer ce nouvel espace de découverte. J'ai immédiatement reconnu cette plantation, car elle faisait partie des premières cultures que j'avais observées le jour de mon arrivée à *La Parcelle*.

Dans mes souvenirs, il me semblait que ces plantes étaient bien plus grandes. Ici, pourtant, je me retrouvais face à de petits arbustes d'une cinquantaine de centimètres de hauteur. Nous avons parcouru son champ, dans lequel les plantes poussaient en un bel alignement.

Elle m'a expliqué comment se développaient ces légumineuses et n'a pas hésité à gratter le sol afin de me montrer des cosses encore vertes qui ne demandaient qu'à mûrir, trésors cachés et promesse de délices futurs.

C'est alors que je lui ai solennellement proposé un marché : j'acceptais de lui acheter un de ses cornets à condition qu'elle me dise où se trouvait l'entrée du *Belge*. Époustouflée par mon audace, elle a éclaté de rire avant de me donner une tape dans la main en signe d'accord. Le marché conclu, je me suis hâtée de rentrer à la maison pour demander cinq francs. J'ai eu de la chance : ma mère m'a remis une pièce en me demandant de garder mes friandises comme dessert.

Une fois seule avec l'argent, ravie d'avoir obtenu satisfaction, je me suis arrêtée pour le contempler. Dans ma paume, la légère pièce d'aluminium brillait de mille feux au soleil. Sur une face, il y avait un palmier, et sur l'autre un écu couronné. Je revois encore cette pièce luire dans ma main comme un bijou. Elle allait me servir non seulement à acheter quelques cacahuètes, mais aussi me permettre d'arriver à mes fins : pénétrer dans la zone africaine. Cette rondelle étincelante avait pris dans mon imaginaire d'enfant l'apparence d'un talisman magique, d'une clef merveilleuse capable de m'ouvrir des portes secrètes vers de nouveaux espaces mystérieux où j'allais forcément vivre des choses inédites et enthousiasmantes !

De retour à la maison, j'étais aux anges, j'avais des cacahuètes à grignoter et l'itinéraire pour me rendre enfin au-delà de ma forêt. Mon père m'a alors fait remarquer que ces cinq francs congolais représentaient l'augmentation de salaire qu'il avait obtenue pour ses ouvriers après trois longues années de pourparlers avec son patron. Il tenait déjà à me faire comprendre la valeur de l'argent, et sa déclaration grave m'a longtemps plongée dans une réflexion laborieuse. En effet, si mon premier mouvement a été de penser que ces gens avaient trouvé en mon père un justicier extraordinaire pour leur avoir ainsi gagné le privilège de pouvoir s'offrir chaque mois un cornet de ces friandises dont je n'imaginais déjà plus me passer, j'ai vite réalisé, en touchant le fond de mon cornet au bout de quelques minutes d'extase, que c'était au final trop peu, et l'idée que ces hommes et ces femmes — ou pire : leurs enfants ! — soient obligés d'attendre tout un mois avant de pouvoir mordre à nouveau dans des arachides m'a vite remplie d'effroi et d'indignation.

Mais si je me rappelle aujourd'hui ma flambée de sympathie pour ces pauvres travailleurs malchanceux, je me souviens aussi que mon esprit d'enfant s'est vite penché sur d'autres sujets dont la présence concrète a vite pris le pas sur ces questions trop sérieuses pour faire concurrence à mes jeux, et je ne crois pas avoir mentionné cet aspect en détaillant à mes camarades et à sœur Agnès à quel point les cacahuètes étaient extraordinaires et allaient me manquer.

Quelques jours plus tard, à l'insu de mes parents et résolue à mener enfin mon plan à exécution, j'ai enfourché mon tricycle. J'avais décidé que cette monture me permettrait de couvrir plus rapidement une distance plus grande, et que je pourrais ainsi faire l'aller-retour sans m'attirer de reproches. En sortant de *La Parcelle*, j'ai tourné à droite sur la route du camp, et j'ai pédalé longtemps à toute allure avant d'arriver à hauteur d'une plantation de canne à sucre. Ensuite, j'ai ralenti la cadence afin de trouver un sentier. Au bout d'un moment, j'ai aperçu un étroit passage à peine visible depuis la route. Le cœur battant, je me suis engagée dans un chemin bordé de hauts plants de canne à sucre qui me faisaient une impressionnante haie d'honneur végétale. Ma progression était ralentie, car le sentier comportait de profondes ornières probablement provoquées par le passage de charrettes durant la saison des pluies. Je butais sur les trous et les pierres, peinant sur mes pédales pour garder l'équilibre.

Sous une chaleur de plomb, j'ai progressé toujours plus profondément dans les cultures, à la fois excitée par la découverte et inquiète de la lourde chape qui semblait m'écraser entre le menaçant surplomb des plantations et la touffeur pesante. Après un long périple, le paysage s'est transformé : le chemin s'est enfin ouvert sur une vaste zone dégagée. Je respirais, le regard empli d'une vision qui s'est gravée dans ma mémoire en même temps que dans mon cœur comme l'incarnation d'un rêve.

Devant moi s'étalait un village magnifique planté au beau milieu d'une zone herbeuse grillée par le soleil. Il était composé de huttes rondes aux murs de terre battue et aux toitures végétales tombant bas afin de protéger la base des murs des intempéries. De jeunes enfants, tout nus ou en haillons, couraient un peu partout parmi des chiens, des poules et des chèvres en totale liberté, dans une joyeuse pagaille qui m'a tout de suite accroché un sourire au visage et chevillé au corps un impérieux et indéfectible besoin de gambader gaiement parmi eux. Non loin de moi, une Africaine aux vêtements bariolés, un enfant sur le dos, pilait du manioc dans un mortier. Près d'elle, sur un feu de camp, un grand chaudron fumait. Non loin de l'entrée de la première hutte gisait une grande tôle de fer toute déformée. Au loin, je pouvais apercevoir des bidonvilles, composés de petites habitations de tôle qui partaient à l'assaut des collines. J'ai compris soudain que les habitants de ce village avaient refusé de s'installer dans ces demeures provisoires, préférant recréer ici leurs habitats ancestraux, comme à l'aube de l'humanité. Et c'était pour moi la confirmation de la singularité mystique de ce lieu hors du temps, magique.

J'étais bouche bée devant ce spectacle. Cet endroit ne correspondait en rien à ce que je connaissais. Ce n'était plus «*Léo la belle*» : c'était un autre monde fantastique s'étalant sur une terre étrangère. Face à ce spectacle surréaliste, j'avais au fond de moi le sentiment de vivre une expérience extraordinaire et unique.

Mes camarades sont suspendues à mes lèvres, et je suis pleine d'une joie redoublée devant ce souvenir heureux et l'intérêt évident que me témoigne mon auditoire, jusqu'à Sœur Agnès, dont le doux regard et le sourire bienveillant m'encouragent. Je poursuis donc mon récit, renouant avec mes émotions de cette première rencontre.

Soudain, alors que j'étais encore en pleine contemplation, l'Africaine, comme se sentant observée, a tourné son visage vers moi. Surprise par ma présence, elle a hésité avant de s'avancer. Elle m'a demandé la raison de ma présence. Prise au dépourvu, et par peur de me faire disputer par elle et mes parents lorsqu'elle leur apprendrait ma présence ici, j'ai pensé au seul allié que je pouvais me figurer : je lui ai dit que je cherchais la maison de Pierre, un boy lavadère.

Éberluée par mon aplomb, elle m'a dit que les Blancs, en dehors des pères missionnaires et du personnel du dispensaire, ne s'aventuraient jamais ici. C'était la première fois de sa vie qu'elle voyait un petit enfant blanc s'aventurer seul dans cette partie de la ville, et, si je comprends mieux aujourd'hui son malaise, je me la représentais surtout à l'époque comme quelqu'un risquant de me faire punir — et l'idée de me retrouver à nouveau cloîtrée me répugnait.

Décontenancée, elle ne savait plus quoi dire, manifestement, et j'ai redouté qu'elle ne me raccompagne manu militari auprès de ma mère ou de mon père. Évidemment, elle n'a pas abordé le douloureux sujet de cette séparation entre nos deux communautés.

Enfin, elle s'est décidée. Face à mon obstination — ou afin de se débarrasser de cette embarrassante responsabilité —, elle m'a montré la case de Pierre, qui se trouvait au bout du village. Je l'ai poliment remerciée, et j'ai suivi son indication.

À ce moment, une ribambelle d'enfants est venue à ma rencontre, et ils m'ont demandé à pouvoir jouer avec mon vélo. J'ai tout de suite accepté tandis que d'autres m'invitaient à sauter sur l'étrange tôle de fer. Perplexe, mais curieuse, je les ai suivis, et, dès les premiers instants de leur démonstration, je me suis empressée de les imiter : ce jeu était passionnant ! Nous avons sauté à plusieurs dessus et à pieds joints. Sous nos assauts, la tôle rebondissait comme un trampoline ! C'était tellement amusant ! En plus, chaque choc résonnait de façon comique en se prolongeant en d'hilarantes vibrations. Qu'est-ce qu'on a ri ! En revanche, je me souviens m'être vite essoufflée, entre effort et fou rire.

Alors, on a fait une pause, et ils m'ont expliqué que ce morceau d'acier provenait d'une touque, déployée et laminée, qui avait servi de toit à une maisonnette du bidonville, et qui avait atterri dans leur village lors d'une tempête. Ensuite, une petite fille ressemblant étrangement à celle que j'avais vue danser sous l'orage lors de mon arrivée m'a proposé de jouer avec sa vieille jante de vélo rouillée.

L'Africaine, les poings sur les hanches, surveillait attentivement nos jeux. Mais elle avait retrouvé son sourire. Elle m'a expliqué que ce jeu était appelé le chinguerenguere : il s'agissait de faire rouler une roue de vélo à l'aide d'un bâton au milieu de la jante, et de courir sans la faire tomber, dans une course effrénée d'équilibriste. Encore un nouveau monde de plaisir et de rire qui s'ouvrait à moi, et, remise de mes sauts, je me suis empressée de tester ce nouveau jeu.

Au bout d'un moment, estimant ma récréation terminée, la jeune femme noire m'a offert un maïs bouilli avant de me demander de retourner chez moi. À mon grand étonnement, elle m'a autorisée à revenir, mais à condition que j'avertisse mes parents.

Si son autorisation m'a comblée d'aise à l'idée de revenir dans mon petit paradis secret, elle a aussi souligné l'implicite de l'interdit qui frappait cette visite, et je savais obscurément que mes parents ne me donneraient pas la permission. En outre, je ne pourrais leur demander cette permission sans trahir ma désobéissance et écoper d'une réclusion insupportable. Je me suis donc réjouie de n'avoir finalement pas croisé Pierre et, acquiesçant sans un mot, je suis vite rentrée chez moi.

Bien sûr, je n'étais pas fière de mon mensonge, mais je me consolais par mon silence en songeant que ne rien dire n'était pas vraiment mentir — et je me garde bien de révéler ces petits arrangements avec moi-même à mon auditoire. J'enchaîne plutôt sur le récit enthousiaste de mes plus beaux moments, mes meilleurs souvenirs congolais dans mon petit coin de paradis à moi.

Durant de longues semaines, j'ai en effet déserté *La Parcelle* tous les matins afin de me rendre dans ce village. Évidemment sans en avertir mes parents. Je ne voulais pas qu'ils m'enlèvent ces moments de bonheur : ils m'étaient devenus indispensables, sacrés. Heureusement, je n'ai jamais croisé Pierre dans ce village, et, si j'étais soulagée de ne pas risquer ses réprimandes, j'étais dans le même temps peinée de ne pouvoir partager mon plaisir et mon secret avec ce vieux complice dont le franc sourire me réjouissait tant. Il travaillait chez nous, mais aussi chez d'autres personnes, et il n'avait congé que le dimanche, journée durant laquelle il avait l'habitude d'aller pêcher. Je voyais dans cette parfaite adéquation des choses une forme de bénédiction surnaturelle de mes escapades clandestine.

Un dimanche matin, cependant, je n'ai pu résister à la tentation. Profitant de l'inattention de mes parents, je me suis rendue au village. Je l'ai contourné en me dissimulant dans les hautes cannes afin de rejoindre la rivière et de surprendre Pierre.

Excitée et fébrile, je l'ai aperçu de dos. Il était assis au bord de l'eau, immobile, une canne à pêche en mains. À pas de loup, je me suis avancée vers lui, mais je me suis vite aperçue en arrivant près de lui que mes précautions étaient bien inutiles : il dormait à poings fermés, un léger sourire flottant sur son visage détendu. J'ai hésité un instant au plaisir cruel de le réveiller brusquement, préférant préserver sa sérénité.

À côté de lui, dans un seau, nageaient quelques poissons-chats : ils étaient en tous points semblables à ceux de mon aquarium, et je me souviens avoir eu pitié d'eux. Profitant de son sommeil, j'ai rejeté les poissons dans la rivière, les sauvant d'une mort certaine. Ensuite, fière de moi et me retenant de pouffer de rire, je suis retournée me cacher dans les plants de canne. Finalement trop impatiente de voir l'effet de ma surprise, j'ai saisi un petit caillou et l'ai lancé dans le dos de mon ami.

Il s'est réveillé en sursaut, a regardé autour de lui, puis dans son seau. Stupéfait de ne plus y voir ses poissons, il a crié au miracle plusieurs fois en tournant autour du récipient vide, fermement convaincu que la main du Seigneur avait rendu la liberté à ses poissons. Je l'ai vu rejoindre le village en hurlant que Dieu s'était manifesté en lui montrant l'inverse d'une pêche miraculeuse. Fière de mon sauvetage et hilare, je m'en suis retournée chez moi discrètement en riant sous cape et en évitant de passer trop près du village.

Avec le recul, je ressens quelques remords d'avoir ainsi joué avec la crédulité de mon ami, mais la vie est ainsi faite qu'on ne voit pas toujours derrière le plaisir égoïste la conséquence douloureuse de nos actes. Sœur Agnès ne s'y trompe pas, elle, et son regard me pardonne déjà une maladresse d'enfant : je le vois bien à son petit sourire mi-désapprobateur, mi-amusé, et l'évident amusement de mes camarades achève de chasser mes scrupules. Je continue donc mon retour aux sources pour chasser la grisaille de ma nouvelle patrie par le soleil radieux de mes racines lointaines.

Un jour, je me souviens que je ne suis pas rentrée à la maison pour le déjeuner. Fatiguée par mes jeux, harassée par la chaleur, je me suis tout simplement endormie dans une hutte, sur une natte posée à même le sol, et je ne me suis réveillée qu'à la tombée de la nuit. J'ai été réveillée par Pierre, qui venait de rentrer de son travail. De bonnes odeurs de nourriture m'arrivaient aux narines. Sur un feu de camp, le repas de la tribu cuisait doucement. Assise près du foyer, je pensais à l'énorme excuse que je devrais inventer pour mes parents afin de justifier mon absence, et surtout à la magistrale punition que j'allais recevoir. J'étais inquiète et déprimée : je sentais comme une pierre glacée au fond de mon ventre la fin annoncée de cette période d'allégresse, et une boule brûlante obstruait ma gorge.

Pierre, qui avait jusque-là curieusement gardé le silence sur ma présence aussi tardive dans le village, s'est levé et a regardé vers le chemin ; j'ai suivi son regard : la lueur d'une lampe tempête approchait, mais il faisait si sombre que je ne pouvais voir qui la portait. Le point lumineux se balançait lentement et régulièrement tandis qu'il avançait vers nous, et cette lumière flottant dans l'obscurité, dodelinant dans la nuit à notre rencontre, avait quelque chose d'hypnotique et inquiétant. Je me suis levée et rapprochée de Pierre, finissant par prendre sa main pour puiser en lui un peu de courage. Au fur et à mesure que la chose nous rejoignait, une silhouette se faisait de plus en plus précise. Une fois qu'elle a été près de nous, j'ai reconnu mon père.

Il venait me rechercher.

Comment avait-il pu savoir que je me trouvais ici ? J'ai serré fort la main de Pierre, mais celui-ci souriait, et mon père n'avait pas l'air furieux.

À sa vue, à ma plus grande stupéfaction, tous les habitants du village se sont levés pour le saluer et demander des nouvelles de ma mère. C'est ainsi que j'ai appris que Papa embauchait des ouvriers dans ce village pour ses chantiers, et que ma mère était venue bénévolement, avant sa maladie, pour prêter son aide à des parturientes. Ensuite, le chef du village lui a proposé de s'asseoir avant de disparaître dans une hutte.

On s'est regardé sans rien dire. Il ne semblait pas en colère, mais il ne souriait pas non plus. Pas à moi.

Peu de temps après, le chef est revenu affublé d'un grand masque en bois sombre impressionnant, d'un pagne en raphia, de colliers et de bracelets qui cliquetaient à chacun de ses mouvements, et il s'est mis à danser au son d'un tambour creusé dans un tronc d'arbre. Les percussions étaient puissantes et résonnaient jusque dans mes os, faisant tressauter tout mon corps au rythme de la mélopée que les voix mêlées de tous les Noirs venaient enrichir de leur mystérieux langage. Puis, tous les villageois se sont mis à danser à la lumière du feu de bois. La scène était surnaturelle et fascinante, les ombres projetées par le brasier s'agitant parmi les huttes, et les flammes découpant les silhouettes en transe pour transformer tous ces gens qui m'étaient devenus familiers en êtres fantastiques étrangers et captivants. Le cœur battant au rythme du tambour, j'observais cette étrange célébration, éblouie par la capacité de ces Africains à improviser une telle fête avec tant de spontanéité et à afficher un bonheur si sincère de tout leur corps.

Avec mon père, nous avons échangé quelques regards, à la fois soudés par notre expérience commune de ces traditions exotiques, mais dans le même temps renvoyés à notre propre étrangeté en ces terres dont nous n'étions pas issus. Mais je ne perdais pas une miette du spectacle, trop intimidée cependant pour oser me mêler aux danseurs.

À la fin de la danse, mon père s'est levé pour prendre congé. Nous avons dit au revoir à tout le monde avant de nous engager en silence dans le chemin. Il faisait nuit noire, et le mutisme de mon père m'angoissait : j'en venais presque à espérer ses réprimandes et l'annonce de ma sanction. Papa tirait mon vélo d'une main et m'a tendu l'autre main. Je l'ai prise, un peu rassurée par la chaleur de ses doigts et la fermeté tendre de sa prise. Côte à côte, nous sommes retournés à la maison sous une voûte constellée d'étoiles. Le son du tam-tam diminuant, on pouvait entendre les stridulations des grillons et, au loin, le rire étrange d'une hyène découvrant une proie.

Enfin, quand nous avons atteint la route du camp, il s'est décidé à me parler. Mon père m'a avoué qu'il savait depuis le début que je fréquentais assidûment ce village. Pierre l'en avait averti dès le lendemain de mon arrivée, et il avait demandé que je puisse continuer à y venir. Mes parents avaient accepté à condition que je sois bien surveillée.

Cette révélation m'a fait l'effet d'un coup de poing : les adultes semblaient décidément tout savoir et tout voir, tout entendre, et j'en concevais un mélange d'admiration et d'indignation, de frustration et de désespoir. Toutefois, j'ai vite compris ce que signifiaient les paroles de mon père : j'avais certes été moins discrète et indépendante que je le croyais, mais j'avais la permission de poursuivre mes visites, et c'était contre toute attente la plus belle surprise qu'on pouvait me faire !

Mes camarades et notre enseignante rient de soulagement avec moi tandis que je rayonne à ce souvenir. Mais, rapidement, ma mémoire se complète des échos de ce qui nous a fait fuir, et une bulle moins agréable vient crever la surface des jolies images que je rappelle.

Jusqu'au début de l'année 1958, j'ai côtoyé ces villageois en toute sécurité, car, à Léopoldville, nous ne connaissions ni les agressions ni les vols. Nous dormions le plus souvent avec nos portes non verrouillées et les clefs de contact en permanence sur les voitures.

Peu à peu, j'ai appris à connaître ces indigènes et à participer à leur vie au quotidien. J'ai apprécié leur convivialité, leur spontanéité, leur joie de vivre et la richesse des liens qui nous unissaient.

Quand je croyais encore que tout allait bien.

Une peinture à l'huile, offerte par mon père, représente le village de cases

Chapitre 16
Vacances en Belgique

Ce bonheur simple aurait pu durer longtemps encore. Cependant, un jour, fin mars 1958, alors que je revenais du village épuisée mais pleine de souvenirs de jeux et de rire avec mes amis, j'ai aperçu de grandes malles de bois dans le hall d'entrée. Elles étaient alignées le long de l'appartement du rez-de-chaussée. Ma mère s'affairait à emballer nos bibelots et les peintures à l'huile de mon père, disposant soigneusement le tout dans les coffres. Les toiles avaient été peintes par des indigènes autodidactes, des artistes très appréciés par mon père. Elles représentaient les chutes de la Lufira et le cours d'eau Lualaba : des souvenirs katangais. Une toile plus grande que les autres, déjà emballée, avait attiré mon attention. Papa avait probablement dû, à mon insu, faire peindre la jolie collection de tuyaux de béton de *La Parcelle*.

Intriguée par tout ce remue-ménage, j'ai demandé à ma mère ce qui se passait. Tout en poursuivant sa tâche sans me regarder, elle m'a alors expliqué que l'achèvement du nouveau château d'eau coïncidait avec la fin d'un terme de mon père. Ce dernier bénéficiant de six mois de congé, nous allions en profiter pour retourner en Belgique et, à notre retour, changer de logement. Ces nouvelles m'ont abasourdie. Quoi ! On me déracinait encore ? On m'arrachait à ce lieu que j'avais enfin apprivoisé? On me privait de mes amis conquis de si haute lutte à travers la distance et les efforts? De plus, notre voyage était prévu pour début avril : il ne me restait plus qu'une quinzaine de jours avec mes amis africains avant notre grand départ! C'était rapide — bien trop rapide pour moi —, et un sentiment de panique et d'indignation a enflé en moi avant d'être atténué par l'élan contradictoire des souvenirs qui affluaient peu à peu à la mention de cette Belgique, qui, déjà, dans mon esprit d'enfant, prenait les allures mythiques d'un monde oublié et mystérieux nimbé de mélancolie. Je me voyais prise entre deux feux : j'étais peinée et ravie à la fois. D'un côté, il m'était insupportable de penser que je ne reverrais plus Pierre, le village de huttes, mes poissons et mes fleurs durant de longs mois. De l'autre, revoir ces adultes que j'avais eu tant de peine à quitter me remplissait de bonheur — et d'une crainte diffuse : les reconnaîtrais-je? Et eux, me reconnaîtraient-ils?

Dans les méandres flous de mon inconscient infantile, j'avais cette impression dérangeante que je comprends désormais, parvenue aux portes du grand âge, que le temps passe et, nous arrachant aux liens en nous arrachant aux lieux, brise irrémédiablement des choses, des relations, ne laissant à la place qu'une douloureuse nostalgie teintée d'une douce langueur. J'avais bien changé, depuis mon départ, et mes affections s'étaient reportées sur d'autres êtres qui m'étaient devenus chers, remplaçant dans mon cœur volage ceux dont la perte m'avait pourtant naguère paru inconsolable. Et, quelque part, entre humilité et vexation, je pressentais que ma place aussi avait à présent dû être offerte à d'autres enfants.

Néanmoins, l'enfance a ceci de sublime que le réel chasse rapidement les orages noirs des pensées intangibles, et que j'ai vite compris qu'habiter au rez-de-chaussée allait nous permettre de nettoyer une bonne fois pour toutes notre jardin. J'avais hâte de voir les objets abandonnés par les locataires invisibles prendre le chemin de la poubelle. Ma mère n'avait pas précisé que nous allions investir l'appartement du bas, mais, au vu de la disposition des malles, cela ne faisait aucun doute dans mon esprit.

Ensuite, j'ai entendu des cris d'oiseaux à l'étage. J'ai monté les escaliers quatre à quatre pour m'apercevoir que nous avions un second perroquet. Il bénéficiait du même perchoir que celui de ma mère. Le nouvel arrivant était haut sur pattes et incroyablement gros. Ce volatile en surpoids était destiné à combler l'énorme solitude de ma marraine, toujours célibataire. Quant à l'oiseau de ma mère, il devrait aller en pension chez mon parrain durant cette demi-année. Ce dernier s'était également proposé pour transférer nos malles dans notre nouveau logement afin que tout soit en ordre pour notre retour.

Malheureusement pour moi, mes anciens copains blancs de *La Parcelle* ont refusé de donner à boire à mes fleurs et de nourrir mes poissons durant mon absence : mes jeux avec des petits Africains leur avaient déplu, et ils m'avaient tout simplement rejetée. Mes fleurs étaient condamnées à une mort certaine, et mes poissons devaient être relâchés.

Tout cela me laissait un goût amer au cœur : dans ma petite tête de fillette, je subissais cette vengeance raciste sans trop l'interroger, évidemment, mais elle me rendait malheureuse, et, aux regards mauvais qui me cinglaient quand je me tournais vers mes anciens camarades de jeu, je sentais d'incompréhensibles bouffées de colère me secouer en profondeur — ce que je reconnais maintenant comme de l'indignation face à cette injustice née de la bêtise des adultes venant pervertir l'innocence des enfants.

C'est donc dans la tristesse que j'ai attendu notre départ. Mes parents compatissaient à ma peine et essayaient de minimiser la durée de nos vacances avec la promesse d'un retour rapide au Congo. Six mois, était-ce cependant si rapide ? Pour moi, c'était une éternité insupportable.

Il me semblait que derrière leurs attitudes réconfortantes se cachait une chose terrible, un mystère insondable. Je croyais les sentir inquiets, interrompre des chuchotements lorsque je m'approchais d'eux, et leur insistance et leurs sourires me paraissaient forcés, faux. Et au final effrayants. Mais je tâchais de me raisonner en ridiculisant mes peurs : que pouvait-il se passer de dramatique dans cette région où j'avais été si heureuse, hormis cette obligation de partir — pour un temps seulement. Après tout, j'avais une imagination débordante, et ces impressions fugaces ne pouvaient être que le fruit de mon imagination ou de rêveries sinistres dues à mon désarroi. Au village, les au revoir ont été pénibles. C'est entre rires et larmes que nous nous sommes quittés, avec la promesse de promptes retrouvailles.

Le jour de notre départ, mon parrain est venu nous chercher. Assise à l'arrière de son véhicule, je tenais serré près de moi un seau d'eau où nageaient mes trois poissons. Il s'est arrêté le long d'un profond fossé rempli d'eau bordant les terrains en friche de l'avenue Joséphine Charlotte. Papa m'a dit que toute cette eau se déversait dans une rivière proche, et que mes trois amis allaient bien vite recouvrer leur liberté. Sur ces mots, il m'a pris le récipient, que je tentais en vain de retenir, et il en a versé le contenu dans le fossé. Criant d'effroi et le visage collé à la vitre, j'ai vu mes poissons tourner en rond avant de partir sur ma droite, dans le sens du courant : la direction de leur milieu naturel. Cela a été un déchirement pour moi que de voir mes poissons disparaître ainsi de ma vie. J'ai fondu en larmes, et ce jusqu'à l'aéroport malgré les caresses prodiguées par ma mère et les paroles rassurantes proférées par mon père pour me réconforter. Mais, à l'approche de l'aérogare, ma curiosité devant l'étrangeté du grand oiseau de fer dans lequel nous allions embarquer a eu tôt fait de sécher mes pleurs.

Je gardais des souvenirs très flous de mon premier vol, et c'est donc presque vierge de toute connaissance à ce sujet que je me suis mise à absorber par tous les sens ce que je pouvais percevoir de cette incroyable expérience, harcelant les adultes qui m'entouraient de questions. L'admiration perplexe qui m'emplissait devant le miracle de cette masse de métal si lourde s'enlevant parmi les oiseaux ne laissait surtout pas de m'interpeller, mais j'ai senti que mon insistance sur ce point rendait nerveux les autres passagers, et j'ai rapidement réfréné ma curiosité devant le regard sévère de mon père qui m'intimait de me taire. Enthousiaste, mais désormais silencieuse, j'ai profité du spectacle magique du décollage et de notre progression dans les airs — du moins jusqu'à ce que la fatigue liée aux émotions fortes, accompagnée de la berceuse ronronnante des moteurs, m'emporte dans un sommeil profond, la tête posée sur les genoux de ma mère.

En Belgique, terre de nouveau inconnue, nous sommes restés quelques jours chez ma marraine. Cette dernière nous a accueillis chaleureusement, et sa joie a été à son comble lorsqu'elle a aperçu son perroquet. Elle l'a trouvé gros, très gros, même, à tel point qu'elle l'a appelé « *Grogros* ». Avant de le sortir de sa cage de transport, elle est allée dans son écurie et en a ramené une vieille chaise. L'oiseau, peu farouche, lorgnait déjà du haut de son curieux perchoir les biscuits disposés sur la table pour le goûter.

Le lendemain, nous avons rendu visite aux habitants du village de Hoegaarden : des amis et des membres de la famille de ma mère. Tous étaient ravis de me voir en si bonne santé et bien acclimatée au climat congolais — un climat bien plus agréable, à mon sens, que ce perpétuel courant d'air glacé qui me traversait jusqu'aux os sous ce ciel presque éternellement gris.

J'ai appris pour le décès de mon grand-père, en 1956, peu de temps après ma sortie de clinique. L'information m'a paru irréelle, en partie d'abord parce que je n'avais pas de souvenir clair du vieil homme dont on me parlait, mais en partie aussi parce que la mort, pour moi, était quelque chose d'étrange et dramatique qui avait davantage à voir avec les nourrissons, les couffins et les serpents. Mais je n'ai pas osé poser de question devant le chagrin de ma mère et la mine grise des autres adultes.

Ensuite, ma marraine m'a fait visiter son jardin. Dans la cour arrière se trouvaient des toilettes pourvues d'une porte en bois trouée d'un cœur. Un peu plus loin, il y avait une écurie vide où trônaient de vieux meubles, ainsi que la même machine à laver que Maman — c'était d'ailleurs étrangement rassurant de retrouver sur cet autre continent si exotique un élément identifiable, comme un peu du Congo auquel je pouvais me raccrocher en regardant l'appareil massif.

Au-delà de la cour s'étiraient un potager et un verger jouxtant un bâtiment haut et carré : le moulin familial. Ce dernier ne fonctionnait ni avec la force du vent ou celle de l'eau, mais avec de l'électricité. Après le décès de mon grand-père, meunier, ma marraine et un de mes oncles avaient repris la gestion du moulin : la dernière minoterie de Hoegaarden et de ses environs. C'est avec un grand plaisir que j'ai accepté de visiter cet étrange bâtiment qui dominait le village avec une mystérieuse prestance.

Depuis un terre-plein, on pouvait apercevoir, à l'étage, une porte donnant sur un grenier. C'est par là que l'on introduisait les sacs de grains hissés à l'aide d'une poulie. On accédait à la porte d'entrée, au rez-de-chaussée du bâtiment, par une volée d'escaliers. À l'intérieur, la pièce était immense et pourvue d'un plancher blanchi par la poussière de farine. Ça sentait bon ! Sur le sol était disposée une paire d'énormes meules de pierre : l'une inférieure et fixe, l'autre supérieure et mobile. Afin de me montrer le fonctionnement de ces dernières, ma marraine a disposé à l'aide d'une trémie du grain sur la meule fixe avant d'abaisser une grande manette noire. Un moteur gigantesque, situé dans les caves, a actionné les lourdes pierres. Dans un vrombissement incroyable, la meule supérieure a écrasé les céréales sur la meule dormante. Les grains, écrasés, broyés et concassés, se sont transformés en farine. Dans un rayon de soleil traversant la fenêtre, je pouvais voir des particules de blé tournoyer dans les airs. J'ai applaudi, et, une fois autorisée, j'ai approché une main fébrile pour toucher ce miracle : c'était doux, et le parfum du grain fraîchement moulu un régal qui m'ouvrait l'appétit. En tournant autour de la meule, je laissais dans la poussière blanche de petites empreintes de pieds qui me donnaient l'impression de marcher dans cette neige que je me souvenais avoir vue évoquée dans des livres d'images ou des romans. J'étais temporairement réconciliée avec la Belgique.

Le lendemain, mes parents m'ont conduite à la clinique de Tirlemont afin de saluer les infirmières et les médecins qui avaient si bien pris soin de moi quand j'étais petite. J'étais à la fois impatiente et anxieuse. Averti de notre arrivée, tout le personnel de pédiatrie nous attendait dans le hall d'entrée de l'hôpital. C'était impressionnant. D'autant plus intimidant que je ne reconnaissais personne. Ma mère m'a poussée vers ma Maman infirmière. J'ai scruté son visage avec attention afin d'y reconnaître des traits familiers. Voyant que sa figure ne m'était pas inconnue, et devinant surtout à son sourire ému que ce devait être elle, je me suis dirigée vers elle avec hésitation. Mais les sentiments que j'avais eus pour cette femme s'étaient éteints avec le temps, ou n'étaient plus les mêmes : j'avais l'impression de me retrouver face à une étrangère. Lorsqu'elle m'a prise dans ses bras pour m'embrasser, je n'ai pas pu lui montrer de joie, et elle en a été très peinée ; quant à moi, j'avais le sentiment d'avoir déçu, et c'était presque aussi inconfortable et perturbant que de les regarder me sourire sans parvenir à me rappeler qui ils étaient. La situation s'était inversée : je ne voulais plus quitter ma vraie mère, préférant délaisser l'autre. Après cette entrevue qui me laissait dans un malaise coupable, il était temps pour nous de plier bagage pour rejoindre la grande ville.

À Liège, un frère de mon père nous avait trouvé un appartement à louer au mois. Il se situait boulevard de la Sauvenière, en face des bains et à un jet de pierre de la place du Théâtre et de la place Saint-Lambert, le centre névralgique de la *Cité ardente*. Nous en avons profité pour rendre visite à toute la famille de Papa et présenter Maman. C'était la première fois depuis son mariage qu'elle venait à Liège pour y rencontrer sa belle-famille.

Papa nous a fait visiter son lieu natal : le quartier Sainte-Marguerite. Il nous a montré l'emplacement de la boulangerie où il avait commencé à travailler à l'âge de douze ans, ainsi que la rue Hullos, une rue pentue qu'il gravissait péniblement l'hiver avec une charrette remplie de pain et tirée par un chien. Nous avons exploré les moindres recoins de la ville en n'omettant pas un bâtiment du boulevard d'Avroy, endroit où mon père avait été torturé par la Gestapo durant la Seconde Guerre mondiale. Il nous a montré son cheminement de prisonnier de l'hôpital Saint-Laurent à la Citadelle où il avait été condamné à mort en passant par la prison — la prison Saint-Léonard, où il avait été mis au secret. Nous avons fait connaissance avec la station de Liège-Haut-Pré, là où les locomotives, épuisées après une rude ascension du plan incliné de la côte d'Ans, pouvaient reprendre haleine et vitesse. Ensuite, nous avons fait des balades en bateau-mouche sur la Meuse, agrémentées d'escales sur l'île de Robinson-Plage, à Visé et à Panê-Cou-Plage, une petite plage aménagée sur une rive de l'Ourthe, près de Tilff — être *panê-cou*, comme me l'a expliqué mon père, en wallon, c'est être en pan de chemise. Ces endroits de détente avaient vu mon père profiter des beaux jours d'été durant sa jeunesse.

Suivre ainsi mon père à travers ses souvenirs, voir son visage s'animer devant ces lieux qu'il voyait en lui à une autre époque, dans d'autres circonstances, cela m'avait plongée dans un recueillement solennel et pensif qui faisait écho à ma propre angoisse mélancolique : déménager est un acte qui aide à sentir le passage du temps, car quitter un lieu, c'est se confronter à la mort d'une époque et à la naissance d'un souvenir. Et lui marchait sur ses propres pas comme on se rappelle un mort aimé, et certains de ses souvenirs provoquaient en moi un effet trouble : j'y entrevoyais des gouffres insondables qui m'emplissaient d'effroi et d'admiration. Il ne m'échappait pas non plus que ma mère se faisait plus tendre, plus caressante envers mon père, dont les yeux brillaient plus qu'à l'accoutumée. Je leur emboîtais donc le pas dans un silence religieux.

Durant les journées pluvieuses, nous déambulions dans les grands magasins, à l'affût de toutes les nouveautés. C'était quelque chose que ces lieux gigantesques regorgeant de couleurs et de formes ! Moi, je ne connaissais du commerce que les petits étals des marchands d'épices et de légumes, et les grands magasins de Léopoldville m'ont soudain semblé rétrécir devant ces géants. Je m'accrochais autant à la main de ma mère qu'elle s'accrochait à moi : moi de crainte de la perdre, et elle, sans doute, de peur que je ne lui fausse compagnie pour une escapade coupable qui me conduirait à nouveau au poste de police. La Belgique avait décidément des atouts qui, pour l'heure, consolaient assez bien mon manque de Congo.

Un jour, alors qu'il faisait mauvais temps et que Maman était plongée dans un livre, mon père a souhaité m'emmener au cinéma pour voir *Bambi*, un dessin animé créé par Walt Disney. J'ignorais de quoi il s'agissait, mais je l'ai suivi, tout aussi fébrile et excitée qu'il paraissait l'être. Assis côte à côte dans une magnifique salle ressemblant à un théâtre, nous attendions le film avec impatience. Enfin, la lumière s'est éteinte, et l'écran illuminé m'a engloutie complètement dans les images vives et colorées qui défilaient, immenses, devant mes yeux écarquillés.

Très vite, je me suis identifiée à Bambi, ce joli petit faon découvrant avec émerveillement une nature exubérante emplie d'animaux. Mais, lorsque le grand cerf a annoncé à Bambi que sa mère ne serait plus jamais à ses côtés, je me suis effondrée, en pleurs, secouée de terribles et inconsolables sanglots. Les spectateurs alentour ont récriminé à voix haute en demandant le silence, et mon père n'a pas eu d'autre choix que de m'exfiltrer rapidement hors de la salle. Une fois dans la rue, il a essayé de me faire comprendre que l'histoire du jeune cerf n'était qu'un film, une histoire inventée de toutes pièces, et que ma tristesse n'avait aucune raison d'être.

Mais, si mes sanglots ont fini par se tarir, mon chagrin, lui, est resté comme une plaie douloureuse et implacable au fond de moi pendant de nombreuses journées. Ce sentiment de perte irréversible faisait écho à tous mes déchirements, et le caractère irrévocable de la mort donnait à tous mes départs une dimension insoluble qui me les rendait terribles : je ne reverrais plus mon Congo, ni Pierre, ni mes autres amis du village, ni mes fleurs, ni mes poissons… Et ce deuil démultiplié semblait trouver en moi l'écho plus profond d'une souffrance que j'ignorais, et que, aujourd'hui, j'imagine être celle, inguérissable et traumatisante, de mon arrachement si précoce à ma mère, après ma naissance, puis à mes mères de substitution, à l'hôpital ou dans ma famille maternelle. Comme la conscience désespérante et intolérable de la certitude que la vie, au final, s'achève toujours dans un drame, et que les bonheurs en demeurent des parenthèses éphémères où s'ancrent nos regrets et nos douleurs.

Aux intempéries suivantes, nous sommes allés voir *Le pont de la rivière Kwaï*, un film adapté d'un roman de Pierre Boulle. Devant mes réticences à renouveler l'expérience des salles obscures qui provoquaient en moi de si féroces bouleversements, mon père a tenté de me rassurer. Selon ses dires, ce film de guerre était bien moins triste que *Bambi,* et nous ne risquions pas de devoir sortir en hâte à cause d'éventuels larmoiements. J'étais sceptique, mais je l'ai suivi. Effectivement, malgré mes doutes, ce film ne semblait au début pas susceptible de m'émouvoir. Mais, lorsque j'ai vu un soldat britannique, mortellement blessé, agoniser sur la plage de la rivière Kwaï, je me suis à nouveau mise à pleurer à chaudes larmes. Mon père m'a alors évacuée du cinéma en catastrophe en me disant que j'étais décidément d'une nature bien trop sensible. Moi, je ne pouvais m'empêcher de penser à ce bébé mort sur la pelouse de *La Parcelle,* et qui avait disparu à jamais de ma vue. Ma mère, que seuls mes exploits de pleureuse arrivaient à tirer de ces bouquins où elle aimait à s'absorber entre deux corvées domestiques, se réjouissait de ne pas être venue avec nous. Elle n'avait ainsi pas eu à braver la pluie et le vent pour aller perdre son temps dans des cinémas.

Malgré les efforts de mon père pour me distraire, la vie en ville n'a pas tardé à me déplaire. Il y avait trop de bruit et d'agitation. En semaine, les voitures et les motos circulaient bruyamment, et, le week-end, des noctambules éméchés hurlaient et se battaient sur les trottoirs. De plus, le climat de cette contrée ne me convenait guère : le soleil et sa chaleur faisaient souvent place à un vent du Nord désagréable, et les draches nationales me trempaient jusqu'aux os.

Dans ces conditions, il m'était impossible de courir les rues et de disparaître pendant de longues heures dans une forêt d'immeubles en béton, en tenue légère et pieds nus. De plus, mes parents, soucieux de parfaire mon éducation, me suivaient à la trace en me serinant continuellement les mêmes ritournelles : ne fais pas ceci, ne fais pas cela, sois propre, tiens-toi convenablement, sois polie, parle correctement, arrête de montrer du doigt, de sucer ton pouce, et finis ton assiette.

Dans cet appartement étriqué et dans un environnement hostile où je n'avais plus aucun repère, je me sentais prisonnière. Face au drame de ma situation et aux risques d'un repli sur moi-même, Maman s'est rendue dans une animalerie et m'a acheté un poisson rouge dans un bocal. J'étais ravie d'avoir un compagnon, mais cette bête, tout comme moi, tournait inlassablement en rond. Le malheureux n'a d'ailleurs pas survécu à cette captivité forcée : il a péri d'ennui quinze jours plus tard et a fini dans les toilettes. Son sort m'a secouée en profondeur : j'avais le sentiment qu'il préfigurait le mien, et je me noyais dans une panique impalpable et un désespoir sombre. Mes parents faisaient tout pour donner le change — et peut-être étaient-ils heureux d'être ici, quelque part —, mais je ne m'y sentais pas chez moi, et mon chez-moi me manquait. Ils me répétaient sans cesse que j'avais de la chance de pouvoir explorer le monde et d'en découvrir la variété, mais, pour ma part, j'en avais assez de la Belgique : il me tardait de revoir le Congo et mes villageois. Et j'avais désormais peur, si je restais trop longtemps dans cette cité, de devoir subir le même sort que celui de mon poisson rouge : devenir folle, mourir, et finir évacuée dans les toilettes, comme un débris sans intérêt que l'on chasse de sa vie et de ses pensées.

Peu avant notre départ pour l'Afrique, et dans l'espoir de me sortir de mon mal du pays, mon père nous a proposé, de visiter l'exposition universelle qui se déroulait sur le plateau du Heysel, du mois d'avril au mois d'octobre. Bruxelles s'était transformée pour l'occasion en une ville internationale qui bruissait de vie et de touristes venus de tous les horizons. La Belgique, pays hôte et riche comme Crésus grâce à ses minerais katangais, pouvait se permettre financièrement de devenir durant six mois le nombril du monde grâce à la plus grande exposition organisée depuis la Seconde Guerre mondiale.

L'Expo 58, inaugurée par le roi Baudoin, s'enorgueillissait de son succès : il y avait des pavillons représentant une cinquantaine de nations et drainant des millions de visiteurs en quête de dépaysement, de découvertes et de divertissements. La Belgique était fière d'exposer *L'Atomium*, une maille gigantesque de cristal de fer, dont les sphères et les tubes monumentaux m'ont impressionnée, de même que *La Flèche du Génie civil*, pointe improbable de béton suspendue en l'air qui m'a laissée perplexe. Ces réalisations mettaient à l'honneur le savoir-faire de nos ingénieurs, au grand étonnement des spectateurs.

Durant notre visite, nous avons non seulement approché Spoutnik, le premier satellite artificiel soviétique, mais aussi les premières télévisions en couleur et les balbutiements de l'informatique. Le Congo belge était représenté par de nombreux palais étalant les ressources de notre colonie. Notre pays, avec ses chercheurs, ses ingénieurs, ses savants et ses artistes, pouvait se permettre de jouer dans la cour des grandes nations. En tout cas, le résultat était époustouflant et pour le moins exotique pour mes yeux habitués à la brousse et à la jungle.

Les pavillons avaient trait aux nouveautés dans les domaines de la science, de la culture, de la mode, de l'art de vivre et de bien d'autres choses. Ma mère n'a pas manqué de s'extasier devant de l'électroménager de nouvelle génération, dont des machines à laver modernes, à la pointe du progrès, venues d'outre-Atlantique.

Mais c'était près de l'entrée de cette foire que j'allais avoir ma plus grosse frayeur : sur le sol gisait un géant ventripotent endormi. Ma mère m'a dit que c'était Gulliver faisant sa sieste au pays des Lilliputiens, et que je pouvais m'en approcher sans crainte. Curieuse, je me suis avancée vers ce grand bonhomme ; soudain, son énorme ventre s'est mis à bouger, effectuant des inspirations et des expirations bruyantes. Prise de panique, je me suis enfuie en hurlant, laissant mes parents et les autres passants hilares. Mon père a eu bien du mal à m'expliquer que ce géant devait probablement cacher un détecteur de mouvement, et qu'à mon approche il s'était mis à respirer. En a résulté un sentiment mêlé de peur et de honte qui vient entacher dans ma mémoire cette belle journée.

Avant de quitter l'exposition, nous nous sommes restaurés dans une brasserie. Papa, grand amateur de sodas, a goûté un coca-cola : une boisson servie pour la première fois en Belgique à l'occasion de cette exposition. Il a grimacé, et Maman et moi avons bien ri. Avant de quitter les lieux, j'ai regardé une dernière fois le géant effrayant, la foule dense et joyeuse, les hôtesses tout sourire, les palais rutilants et le téléphérique volant au-dessus de nos têtes. J'ai fait le plein de souvenirs, pas loin de me réconcilier momentanément avec ce pays tout de béton.

Octobre était enfin à notre porte, et notre départ imminent. Dans ma tête, je n'étais déjà plus là, bien trop occupée à penser à mes amis laissés sur un continent lointain. C'est donc avec une joie sans pareille que j'ai quitté Liège et les membres de notre famille, et que je me suis engouffrée, à Zaventem, dans un bruyant Douglas DC6 de la SABENA, qui allait enfin mettre un terme à ces six mois d'enfer.

Je me rappelle que je suis restée vissée au hublot après le décollage, impatiente d'apercevoir les rivages de mon Afrique, mais, encore une fois, l'épuisement m'a cueillie avant que nous ne survolions la mer Méditerranée.

Ma belle poussette rouge me sert pour promener mes poupées

Chapitre 17

L'avenue Alphonse van Gele

À notre arrivée à l'aéroport de Ndjli, ma mère m'a doucement réveillée, et nous sommes descendus de l'avion. J'étais encore tout engourdie de sommeil quand j'ai réalisé que nous étions rentrés chez nous ! Soudain excitée et joyeuse, j'ai pressé le pas pour sortir de l'aérogare.

Mon parrain nous attendait pour nous ramener chez nous, debout sur le trottoir, près de la voiture, et je lui ai sauté au cou avant de filer m'installer, impatiente de démarrer. Mais, après avoir traversé le centre-ville, il n'a pas pris la direction du camp militaire. Au lieu de continuer sur sa lancée, il a tourné à droite. Étonnée et d'abord contrariée, j'ai brusquement pensé qu'il nous avait organisé une surprise avant notre retour à *La Parcelle,* et j'ai souri, trépignant encore plus sur mon siège et mangeant le paysage des yeux à la recherche de ce qu'il nous avait préparé.

Il s'est alors engagé dans la magnifique avenue Alphonse Van Gele, roulant à vitesse réduite le long des belles demeures. Je les admirais, je m'en souviens, avec un soupçon d'envie et de curiosité : tout semblait si grand, si beau, si propre et rangé, si luxueux ! Mais la rue était déserte, la végétation de palmiers au garde-à-vous bien seule sans la jungle de béton, et aucun enfant n'envahissait l'espace de ses jeux et de ses cris. Très vite, mon intérêt pour les environs s'est estompé, et je m'apprêtais à questionner mon parrain, à bout de patience, quand il s'est arrêté.

Sur ma droite, j'ai vu un magnifique bungalow peint en blanc et agrémenté d'une grande barza courant tout le long de la façade avant. Le bâtiment était planté au milieu d'un jardin paysagé agrémenté de palmiers, de citronniers, d'orangers et d'avocatiers. Malheureusement, aucune fleur ne venait encore colorer ce bel endroit. Mon parrain s'est alors engagé dans une allée avant de tourner autour d'un petit rond-point situé juste en face des escaliers donnant sur la barza et la porte d'entrée de l'habitation.

La maison était assez jolie, mais j'en avais désormais assez, et je voulais rentrer à la maison.

Mes parents sont cependant sortis de la voiture en silence et m'ont demandé de les accompagner. Pour leur faire plaisir, j'ai pris mon mal en patience, et je les ai suivis en silence.

Nous avons gravi les marches de l'habitation tous ensemble, sans rien dire, puis, gravement, mon père s'est tourné vers moi, et, agenouillé pour se mettre à ma hauteur, posant ses mains sur mes épaules, il m'a annoncé qu'il ne bénéficiait plus d'un véhicule de fonction, et que cette maison, mise à notre disposition par son employeur, lui permettrait d'être plus proche de son travail.

Avec stupeur, sans d'abord comprendre, puis réalisant toute l'horreur de sa révélation, j'ai regardé tour à tour mes parents et mon parrain sans pouvoir prononcer le moindre mot. J'ai cherché sur le visage de ma mère un signe, quelque chose qui me dirait que j'avais mal compris, mais son sourire triste a achevé de jeter en moi un abattement massif. Comme une somnambule, j'ai alors suivi mes parents de pièce en pièce dans cette demeure bien trop grande pour nous trois.

Nos meubles y étaient déjà disposés, tout petits et endeuillés par leur déracinement — du moins les ai-je perçus ainsi, car ils m'étaient à la fois familiers et étrangers ainsi disposés dans ces pièces trop larges —, et le perroquet de ma mère attendait calmement sa maîtresse, installé sur un perchoir dans la vaste cuisine.

Mon parrain avait donc organisé notre déménagement alors que nous étions en vacances en Belgique, et je le regardais du coin de l'œil comme un traître, un ennemi qui nous avait poignardés dans le dos. Une fois la visite du salon finie, mon père a passé sa main dans mes cheveux et m'a fait comprendre qu'il avait aussi été muté sur un autre chantier : la construction d'une nouvelle route. Un collègue viendrait le chercher le matin et le ramener en fin de journée.

Je n'écoutais plus vraiment, me sentant trompée. J'en voulais à mon parrain, en premier lieu, de nous avoir arrachés à notre maison, mais j'en voulais aussi à mon père de nous y avoir obligés, à son chef de nous l'avoir imposé, et à ma mère d'en avoir été la complice muette.

Les adultes m'apparaissaient soudain comme trompeurs et décevants, et tout un monde de confiance semblait s'écrouler autour de moi.

Ensuite, au bord des larmes que je retenais avec peine, il m'a montré ma nouvelle chambre, une pièce lumineuse et spacieuse. Beaucoup trop grande pour mes si maigres possessions, et je m'y suis de suite comme une intruse. Juste en face de mon lit, j'ai soudain repéré une peinture à l'huile que je n'avais encore jamais vue. J'ai supposé que cette toile devait être celle que j'avais remarquée déjà emballée lorsque ma mère préparait les malles. Elle ne représentait pas *La Parcelle* et ses tuyaux, mais le village indigène cher à mon cœur. Même la tôle de fer y était représentée. À la vue du village de cases, de mon village, du village de mes amis que je ne reverrais plus, je me suis effondrée en pleurs.

Je venais de réaliser que mes parents et mon parrain m'avaient volontairement caché notre éloignement de *La Parcelle*, et c'était difficile d'accepter ce que je prenais pour une trahison. J'avais quitté une zone tampon qu'on disait inhospitalière, mais qui resterait pour moi à jamais un foyer paradisiaque inégalable, pour rejoindre la partie européenne du cordon originel d'occupation, qui passait pour préférable, mais où, dès le début, je ne me sentais pas la bienvenue.

Dans les jours qui ont suivi, j'ai traîné mon ennui sur la barza et dans le jardin, fatiguée de mes nuits agitées et par mon état d'esprit morose. Certes, le jardin était plus grand que chez nous, mais il était si rangé, si artificiel qu'il ne m'intéressait pas, et, notre propriété étant bordée par celles des voisins, aucune échappatoire ne me permettait de fuir cette terre étrangère qu'était ma nouvelle prison. Une cage dorée, certes, mais les barreaux étaient bien là, qui m'empêchaient de rejoindre ma jungle et mes indigènes.

Un jour, enfin, deux garçons blonds aux yeux bleus sont rentrés chez nous pour me demander s'ils pouvaient venir jouer avec moi. Comme à *La Parcelle*, je semblais condamnée à me retrouver avec des garçons. À contrecœur, j'ai rangé mes poupées et ressorti mes petites voitures. Sans grande conviction, mais tout de même contente de tromper ma solitude et mon ennui, j'ai enchaîné les jeux de billes et les ascensions dans les arbres fruitiers.

Ma mère ne disait rien, mais je sentais qu'elle souffrait également en silence. Elle ne semblait pas être plus heureuse que moi. La barza, qui devait être un lieu convivial vu sa luminosité, sa proximité avec la ville et la taille de ses pièces à vivre, restait désespérément vide en soirée. En dehors de mon parrain, aucun voisin ne venait nous tenir compagnie autour d'un rafraîchissement. Et les soirées s'étiraient sinistrement.

Un soir, Papa a proposé à ma mère d'engager un nouveau boy pour l'assister lors des lessives, mais elle a refusé. Il semblait lui être impossible de remplacer Pierre : elle aurait eu l'impression de lui être infidèle. Mon père a acquiescé sans rien dire et a replongé dans son mutisme tandis que ma mère se laissait regagner par la mélancolie de ses lectures. Ainsi avait-elle décidé de faire la lessive elle-même, mais elle m'a demandé mon aide pour l'essorage, le balayage et l'essuyage de la vaisselle.

Une fois, alors que je secouais un torchon de cuisine, son perroquet, effrayé par le claquement du tissu, s'est envolé par la porte d'entrée grande ouverte. J'ai vu ma mère, affolée, courir après son oiseau. Déchirée entre l'envie de rire d'abord du comique de la situation, puis la culpabilité d'avoir fait de la peine à ma mère, je l'ai suivie dans le jardin, espérant que ma bêtise allait se résoudre d'elle-même. Mais le perroquet n'était pas revenu sur l'épaule de sa maîtresse. Ce dernier avait préféré rejoindre une bande de perroquets perchés dans l'un de nos palmiers. Au pied de l'arbre, ma mère s'époumonait, et je crois encore parfois entendre sa voix désespérée hurler de vains : «*Reviens, Gamin!*», mais son Gamin n'en avait cure. Au bout d'un moment, la bande de volatiles s'est même envolée dans des cris stridents et des bruissements d'ailes. C'est ainsi que Gamin est parti avec ses congénères vers d'autres cieux. Ma mère est rentrée en pleurant et en prétendant que cette maison allait nous porter malheur. J'étais très impressionnée, à la fois par la détresse de ma mère comme par sa prophétie, et je m'en sentais en partie responsable. Tout comme moi, elle s'est effondrée en pleurs, regrettant *La Parcelle* à chaudes larmes.

Revers de fortune ou hasard, peu de temps après le départ de son oiseau, un marchand ambulant africain est venu frapper à notre porte. Au travers de la moustiquaire, nous l'avons vu attendre avec un panier rempli de bébés perroquets. Mes parents se sont extasiés devant ces petits êtres à peine en plumes et ont décidé d'en acheter un. Je n'osais pas m'approcher, de peur d'entraîner une nouvelle catastrophe, mais je n'en perdais pas une miette, me dévissant le cou pour mieux voir. Mon père soupesait et inspectait les bêtes lorsqu'il a remarqué que l'un de ces oiseaux ne savait pas plier ses pattes. L'Africain a avoué l'avoir blessé en le sortant de son nid, et que cette bête ne saurait plus jamais se tenir debout sur un perchoir. En riant aux éclats, mon père a dit que cet oiseau ne pourrait jamais faire son service militaire sous peine d'être bien vite réformé.

J'ai tout de suite eu une sympathie instinctive pour cet oiseau infirme qui, comme moi, semblait n'avoir sa place nulle part.

Le choix a été rapide, et ça a été sur cet éclopé que ma mère a jeté son dévolu. Mon père s'est donc empressé d'acheter une cage et de remplacer le perchoir cylindrique par une planche.

Les premiers temps, à chaque fois que je m'approchais de la bête, elle me tournait le dos en soulevant sa queue rouge, ce qui me plongeait dans une tristesse sans fond. C'était comme si ce rejet était la punition méritée dont j'écopais pour avoir été responsable de la fugue de Gamin. Mais cette attitude irrévérencieuse amusait mes parents, et leurs si rares éclats de rire venaient adoucir ma peine. Ainsi, sans savoir si l'oiseau était un mâle ou une femelle, Maman, voyant son arrière-train tourné systématiquement avec mépris, la considérait déjà comme une Madame de Beauséant. Et ça a été ainsi que notre supposée femelle perroquet, appelée « *Pépette* », est entrée dans nos vies.

Souvent hors de sa cage, elle courait sur le carrelage en inspectant tous les recoins de la maison, et elle jouait avec mes jouets. C'est ainsi que je l'ai rapidement apprivoisée — et qu'elle m'a consolée. À l'aide de son bec, elle faisait rouler mes balles et attendait que je les lui renvoie. Qu'est-ce qu'on a pu rire, ainsi !

Comme elle ne savait pas voler, ma mère m'avait autorisée à prendre sa protégée dans le jardin. Je la posais derrière moi sur mon vélo à trois roues, et, accrochée à ma robe par le bec, elle m'accompagnait dans toutes mes balades. Mais, ce qu'elle aimait particulièrement, c'était d'être lancée. On avait trouvé ce jeu presque par hasard : elle s'approchait de moi, me tournait le dos et attendait que je la saisisse par la queue. Je la prenais et, en tournoyant sur moi-même, je la lançais de toutes mes forces et le plus loin possible. La bête retombait lourdement dans la pelouse sans jamais se faire mal et revenait se mettre en position pour un nouveau lancer. On avait évidemment commencé en douceur par de petits vols de quelques centimètres au ras du sol, mais l'animal m'avait vite encouragée à me montrer plus audacieuse, tant le perroquet semblait heureux de pouvoir contourner et dépasser son infirmité, et, avec le temps, j'avais amélioré ma technique : Pépette ne retombait désormais plus au milieu du rond-point, mais sur la pelouse. Je venais de créer un nouveau sport : le lancer de perroquet. Nous nous amusions tellement, toutes les deux, que je ne jouais presque plus avec mes deux voisins. Ces derniers trouvaient mes jeux idiots et m'avaient conseillé de m'exercer avec un boomerang. Cet objet serait revenu bien plus rapidement que mon oiseau. Ce perroquet très spécial avait réussi à combler mes moments libres et ma solitude, et je trouvais ces garçons si stupides que je ne les ai jamais regrettés.

Le soir, lorsque Pépette se reposait dans sa cage, je regagnais ma chambre pour aller y chasser les lézards. Ces petites bestioles blanches couraient sur mes murs et, à chaque fois que j'arrivais à en attraper un, sa queue me restait entre les doigts. Par temps de pluie, j'essayais de décoller des grenouilles venues se coller à l'extérieur sur les vitres grâce aux ventouses qu'elles possédaient sur leurs pattes. Ces intrusions dans mon espace m'avaient peu à peu permis de m'approprier ma chambre en y amenant un peu de vie, mais ma mère, elle, ne traquait plus les cancrelats dans la baignoire : nous n'en avions plus. Cette partie de la zone tampon attribuée aux Européens avait été complètement aseptisée, et les bêtes nuisibles avaient disparu.

Alors elle lisait de plus en plus.

Un jour, mon père nous a annoncé que son collègue ne pourrait bientôt plus venir le chercher pour aller travailler et qu'il nous fallait acheter une voiture. Cette nouvelle est venue mettre du piment dans nos existences, et je me faisais tout un tas d'idées sur le véhicule que nous allions avoir, comparant toutes les automobiles que je voyais passer pour choisir celle qui aurait ma préférence, mais c'est à mon insu que mon père est allé seul la choisir. J'en ai été déçue, mais l'attente de la livraison a remplacé ma contrariété par une impatience croissante et un redoublement de mes projections : je passais mes journées à regarder les voitures passer ! Le jour où l'automobile devait arriver, ma mère m'a demandé de l'attendre près de notre entrée. Ce n'était pas la peine d'insister ! Avec Pépette, je regardais les belles américaines passer devant chez nous sans s'arrêter, et je sentais chaque fois une bouffée d'émotion monter en moi avant de se dissiper amèrement pour faire place à la suivante dès qu'une nouvelle cylindrée se montrait.

À l'heure dite, mon père n'était toujours pas là. J'allais faire demi-tour lorsque j'ai vu un petit point bleu au bout de l'avenue se rapprocher lentement. Intriguée, j'ai attendu pour voir passer l'étrange véhicule. Arrivé à ma hauteur, le conducteur a klaxonné. Figée et silencieuse, j'ai alors vu mon père tourner, passer devant moi et s'engager dans notre allée. Une fois arrêté devant la maison, je me suis approchée doucement. Dans le même temps, Maman est sortie de la maison, et, à deux, nous avons fait le tour du véhicule. Ce n'était pas une belle et grande américaine, mais une petite allemande : une Volkswagen, une Coccinelle bleu ciel vraiment étroite.

J'étais dépitée, mais l'aspect inhabituel de l'automobile éveillait mon intérêt.

Fièrement, mon père a passé ses mains sur la carrosserie luisant au soleil. Au final, ma mère semblait ravie de son choix. Quant à moi, je trouvais la banquette arrière trop peu spacieuse, mais la brillance des chromes et la nouveauté de ce bien compensaient la chose et faisaient de cette acquisition un nouveau trésor à apprivoiser. Ma mère n'a pas su s'empêcher de faire remarquer à mon père qu'il avait acheté une voiture d'Hitler, une voiture du peuple. Mon père a fait une grimace et un silence s'est installé, qui m'a mise mal à l'aise.

C'est à ce moment que notre voisine, la Maman des deux garçons blonds, est venue voir notre voiture. Elle a demandé à mon père pourquoi il n'avait pas acheté une américaine décapotable, une Buick ou une Cadillac, comme tous les coloniaux. Mon père lui a répondu tout de go :

— Madame, je n'ai pas besoin d'un bateau ! Une voiture me suffit !

Vexée, notre voisine s'en est retournée chez elle. Je ne l'ai plus jamais revue, et ses enfants non plus.

Ma mère a ri, puis mon père s'est détendu et s'est esclaffé à son tour. De mon côté, j'ai souri.

Je crois que c'est le seul moment de notre vie là-bas où nous avons partagé un moment de plaisir ensemble.

Ce quartier huppé ne nous convenait pas : nos conditions de vie simples et notre petite voiture, considérée par le voisinage comme un véhicule bas de gamme, avaient fait de nous des parias. Si mon père n'en tenait pas compte, ma mère et moi souffrions de cette situation, qui nous faisait regretter plus amèrement encore notre vie sur *La Parcelle*.

Notre jardin avenue van Gele

Chapitre 18
Les troubles commencent

La voiture à peine arrivée, Maman a pris la décision de reprendre son travail de sage-femme dans un dispensaire catholique non loin de la ville. Elle s'était arrangée pour travailler les après-midi afin que mon père puisse me garder. Elle se sentait assez en forme pour recommencer son activité et voir du monde. Il était vrai que, sur cette avenue, nous n'avions plus de vie sociale, et que le silence pesant dans la grande maison assombrissait de jour en jour l'humeur de ma mère.

Elle s'est rendue à la commune pour recevoir un permis de conduire. Ce dernier était distribué gratuitement à tous ceux qui en faisaient la demande, et sans même devoir prouver des aptitudes à la conduite. Une telle démarche est aujourd'hui incompréhensible, tant la législation est omniprésente et le trafic trop dense pour y incorporer des conducteurs maladroits qui y seraient mortellement dangereux, mais, à l'époque, le nombre d'automobiles était réduit, et il n'était pas rare de voir des voitures peiner sur la route, calant sous les efforts désespérés de leurs pilotes néophytes.

Mon père lui avait donné quelques leçons de conduite, mais elle avait beaucoup de mal à manœuvrer le véhicule. Elle s'énervait et se trompait dans les pédales, prétextant qu'elles étaient trop nombreuses. D'ailleurs, très vite, elle a préféré conduire sans la présence de quiconque pour la stresser d'un regard, d'un conseil ou d'un reproche. Même moi, j'ai été chassée de l'habitacle, où mon enthousiasme perturbait la concentration de ma mère, et j'en ai été vexée et frustrée.

C'est à cette époque que j'ai reçu un nouveau vélo à deux roues, de couleur bleue, comme l'ancien. J'allais pouvoir sortir du jardin pour explorer les environs !

Jusqu'en 1958, nous avons vécu dans un calme apparent sans nous rendre compte qu'un mouvement larvé allait prendre de plus en plus d'importance et se radicaliser. Sorti de l'ombre, le Mouvement National Congolais, dirigé par Patrice Lumumba, réclamait l'indépendance de la colonie. Bien évidemment, on ne me disait rien à ce sujet, et je ne suis même pas certaine que mes parents en avaient conscience, tant le sort des Noirs était à l'époque une question secondaire, et la mainmise blanche sur le pays incontestée et naturelle, en dépit des faits d'insurrection de plus en plus tangibles et indéniables.

Le 4 janvier 1959, ce mouvement a organisé une manifestation à Léopoldville. Cette dernière, bien entendu interdite par les autorités coloniales, a dégénéré en émeutes violentes. Dans toute la ville, les manifestants ont saccagé, pillé et brûlé des maisons, des magasins, des missions religieuses, et tout ce qui représentait de près ou de loin l'autorité coloniale. La mission où Maman travaillait a été incendiée, et le personnel passé à tabac. Heureusement, l'attaque avait été moins violente contre les femmes, et ma mère n'avait subi que des blessures superficielles, mais le traumatisme, lui, l'a laissée bouleversée. Lorsqu'elle est rentrée à la maison, ce jour-là, j'ai regardé en silence et avec horreur ses contusions, avant de me jeter dans ses bras en pleurant. C'est là que j'ai compris que quelque chose de terrible était en train de se passer.

Des policiers et des troupes ont réprimé avec force ces émeutes en utilisant des voitures blindées, comme je l'ai découvert plus tard sur des images d'archive où je ne reconnaissais pas mon beau pays de paix et de bonheur.

Au bout de quatre jours de combats acharnés, le bilan officiel était de quarante-neuf morts. Quant aux meneurs de la manifestation, ils avaient été arrêtés et emprisonnés pour quelques mois. Ce triste événement a alimenté la presse internationale pendant des jours, mais le discours du Gouvernement mettait l'accent sur l'apaisement revenu. Pourtant, dans la réalité, que les historiens et enquêteurs indépendants révéleraient plus tard dans toute son horreur, il y avait eu plusieurs centaines de décès parmi les insurgés, et la souffrance engendrée par l'injustice et les deuils attisait les braises de l'insurrection sous les cendres apparemment éteintes.

Toutefois, on doit reconnaître à l'État belge de l'époque d'avoir su entendre et comprendre cette opposition autochtone, à défaut d'en avoir toléré l'expression, puisque, le 13 janvier, le roi Baudoin a fait un discours dans lequel il proclamait le souhait de la Belgique de mener le peuple congolais vers l'indépendance. De son côté, le gouvernement belge a manifesté le désir d'accélérer la marche vers l'autonomie du pays. Les émeutes de janvier 1959 ont marqué un tournant dans l'histoire du Congo belge et ont forcé les autorités belges et coloniales à constater que la situation devait changer sous peine de devenir ingérable. Des manifestations et des émeutes nationalistes allaient se reproduire de plus en plus fréquemment dans les mois suivants.

Je n'étais plus autorisée à sortir seule, et mes parents restaient le plus souvent à la maison, le visage sombre et la parole rare.

Le mot « *indépendance* » était sur toutes les lèvres, et la méfiance s'installait peu à peu chez les coloniaux. Les Blancs murmuraient avec effroi, les Noirs avec espoir et exaltation. Ma mère, choquée par ces troubles et les coups reçus, a dû attendre la reconstruction de sa mission avant de pouvoir reprendre son travail. Elle rechignait même à me laisser rouler seule en vélo sur l'avenue, car des bandes de jeunes Africains à l'allure menaçante circulaient aux abords de la ville : ils insultaient les Blancs, leur jetaient des pierres et tentaient d'investir la ville. Ces groupuscules entretenaient un tel sentiment d'insécurité qu'il devenait dangereux de se promener seul à proximité du *Belge*.

Sur son chantier, mon père avait remarqué une certaine agitation, mais il ne s'en formalisait pas outre mesure. Il essayait de faire obéir ses ouvriers du mieux qu'il le pouvait. Il ne voulait pas montrer son inquiétude et pensait que le passage de la colonie à l'indépendance se ferait sans heurts. Pourtant, cette situation inquiétante n'allait pas nous empêcher de continuer à vivre aussi normalement que possible.

Pour l'anniversaire de Maman, mon père et moi sommes allés en ville pour lui acheter un cadeau. Nous nous sommes rendus chez Nogueira, un marchand portugais qui vendait entre autres choses de magnifiques faïences. Mon père et moi sommes tombés en arrêt devant un splendide bouddha portant cinq enfants dans ses bras et sur ses épaules. L'objet a vite été acheté et emballé pour être offert à ma mère. J'étais tellement fière de notre choix ! Tous ces petits personnages escaladant ce géant bienheureux me faisaient l'effet d'une joyeuse bande de copains venus ramener un peu d'animation à la maison. J'étais sûre que ma mère l'adorerait.

Pourtant, lorsque ma mère a déballé son présent, elle a poussé un cri d'horreur. Elle a trouvé l'objet tellement laid qu'elle nous a demandé de le retourner au magasin sur-le-champ. Aussitôt dit, aussitôt fait. Vexée et triste, j'ai donc accompagné mon père pour le ramener. Voyant revenir la statue, le marchand a manifesté son mécontentement et a refusé de l'échanger. Nous étions les énièmes acheteurs à venir rendre cet objet pour cause de sa laideur. Ce bouddha mal-aimé, obligé de revenir chez nous, a donc trouvé refuge sur ma table de nuit, et je n'ai pu réprimer un sourire de satisfaction tout le trajet du retour, mon nouveau trésor blotti contre moi sur la banquette arrière de l'automobile.

À Pâques, je suis allée au Jardin zoologique, dans lequel était organisée une gigantesque chasse aux œufs. Arrivée bien avant l'heure du début, je me suis promenée le long de l'enclos des autruches. Sur le treillis d'enceinte avait été apposé un grand écriteau de bois : « *Interdiction de jeter des réveille-matin aux animaux ! On déplore la perte d'une autruche !* »

Après un instant de perplexité, j'ai compris que la pancarte était sérieuse, et j'ai mesuré avec horreur ce qui s'était produit pour qu'on en vienne à l'installer. J'étais indignée de voir le peu de respect que les visiteurs accordaient aux pensionnaires du zoo. J'ai également fait part à ma mère de mon étonnement : j'avais remarqué que la plupart des animaux présents dans ce parc, alors qu'ils figuraient dans ma collection de timbres de la faune du pays, n'étaient en réalité pas visibles dans les environs. Elle m'a alors expliqué que la construction de la ville et le braconnage avaient détruit l'habitat naturel des animaux sauvages et les avaient fait fuir dans des régions plus hospitalières. Elle a même prédit ce jour-là qu'un jour l'homme arriverait à détruire complètement son environnement — et ses paroles m'ont fait grand effet. Je n'ai pas ramassé beaucoup d'œufs durant cette journée, car j'étais trop tracassée par l'idée de devoir vivre dans le futur sur une terre dépourvue de bêtes.

Le 14 juillet, nous nous sommes rendus à Brazzaville, la capitale de la colonie française. Nous avons traversé le fleuve en bateau à roues à aubes. Ce dernier était plein comme un œuf. Des Africains aux vêtements colorés transportaient des victuailles et des animaux de basse-cour. Avant d'assister au défilé militaire de la fête nationale française, nous avons fait un tour de la ville. Brazzaville était une cité tout aussi belle et moderne que Léopoldville, et cette journée de réjouissance nous a aidés à éloigner un peu les spectres de l'insurrection.

Ma rentrée en première année de primaire approchait à grands pas. Après toutes ces années d'après-midi studieux, j'étais enfin à même de pouvoir suivre mon année scolaire comme les autres enfants. Ma mère s'était procuré, en début d'année, les cours de première année. J'ai ainsi pu préparer les matières à l'avance et assurer au mieux ma future réintégration. Les calculs n'avaient d'ores et déjà plus de secrets pour moi, et mon livre de lecture avait été rapidement achevé.

Ce dernier à peine terminé, d'ailleurs, ma mère a décidé de me faire lire un condensé de Paul Féval : *Le Bossu*. Je devais lire le texte à haute voix, et ma mère, dictionnaire oral, m'expliquait les mots que je ne comprenais pas. Un jour, je suis tombée sur une phrase qui semblait tombée par hasard dans un paragraphe : «*Par nuit noire, Aurore de Nevers illuminait le pont.*» Cela ne correspondait à rien.

Ma mère s'est alors saisie de mon livre et a relu toute la page en se posant des questions à haute voix : que faisait cette jeune fille sur un pont par nuit noire ? Comment pouvait-elle l'illuminer ? De quel pont s'agissait-il ? Celui qui enjambe les fossés du château de Caylus ? Et Lagardère dans tout ça ?

— Ce livre est truffé d'erreurs ! Je n'achèterai plus de condensés !

Avec le recul, je souris au souvenir de l'indignation maternelle, mais sa colère m'avait à l'époque plongée dans une pieuse admiration : les livres pouvaient donc comporter des erreurs, et ma mère était de taille à les dénicher et à les excommunier !

Elle avait par ailleurs pris confiance en ses capacités de conductrice et acceptait désormais que je l'accompagne dans ses courses, à mon plus grand plaisir. Peu avant la rentrée des classes, donc, ma mère et moi nous sommes rendues en ville pour acheter du matériel scolaire. En cours de route, arrivée à un carrefour, ma mère a mis son feu clignotant à gauche en tournant sur la droite. Malheureusement pour elle, un policier africain a vu son erreur, lui a fait arrêter la voiture et lui a indiqué qu'il la verbaliserait à la prochaine erreur. De retour à la maison, toujours énervée par la remontrance du policier, elle s'est engagée comme d'habitude dans notre garage en tôle, mais, au lieu de freiner, elle a accéléré. La voiture est passée au travers de la tôle du fond, a évité de justesse un palmier, et a fini sa course dans la clôture du voisin. Je me souviens que nous avons hurlé en chœur, terrifiées par le bruit du choc et du déchirement des parois métallique, secouées par les chaos. Par bonheur, nous étions saines et sauves, mais la voiture, elle, avait le nez complètement écrasé. Mon père à accouru en entendant le tapage, et il s'est immobilisé devant la scène. En voyant les dégâts, ma mère a jeté la clé de contact sur le sol en jurant de ne plus jamais toucher à un volant.

Et elle avait bien l'air déterminée à tenir parole.

Nous nous sommes retrouvés seuls à la regarder partir d'un pas décidé vers la maison, mon père poussant des soupirs en levant les yeux au ciel.

Quelques jours plus tard, ma mère s'est rendu compte qu'il me fallait une nouvelle paire de sandalettes. Mais comment aller en ville sans voiture, puisqu'elle ne voulait plus conduire ? Alors que j'étais occupée à chercher une réponse à ma question, j'ai entendu du vacarme provenant de l'entrée de notre habitation. Quelle n'a pas été ma stupéfaction de voir arriver mon père à bord d'un gigantesque bulldozer jaune ! Il avait quitté son travail et était venu me chercher avec un engin de chantier. Le marchepied étant fort haut, il m'avait hissée à bout de bras à hauteur de la première marche.

J'avais l'impression d'être une géante sur un char de parade, une reine sur son trône, et je défilais avec fierté aux côtés de mon père sur sa machine formidable.

En ville, les passants, très collet monté, nous regardaient passer avec étonnement, et il y a eu un attroupement excité lorsque Papa a essayé de garer son bulldozer entre deux belles américaines. La marchande de chaussures est même sortie en courant, les mains sur la bouche afin d'étouffer des cris de peur pour sa voiture. Quant à Nogueira, le propriétaire de l'autre belle automobile, il s'est lui aussi précipité en agitant les bras afin d'empêcher mon père de faire sa manœuvre. Après un créneau parfaitement réussi, mon père s'est tourné vers le Portugais et lui a dit :

— J'ai eu de la chance ! Bouddha était avec moi, sur ce coup-là !

Je garde de cette aventure un souvenir enthousiaste et hilare qui m'accroche encore un sourire aux oreilles quand j'y repense ! Un créneau avec un bulldozer !

Qu'est-ce que j'ai été fière de mon père, ce jour-là ! Rien ne lui semblait impossible, et je voyais en lui un héros invincible et tout-puissant auprès de qui je me sentais heureuse et en sûreté.

Après cette ballade inoubliable, mon père a eu une discussion avec ma mère. Il lui a demandé de reprendre le volant afin de me conduire à l'école, sinon il se verrait obligé de quitter son travail chaque jour, matin et soir, pour me conduire avec le bulldozer. Ma mère a cependant pris une décision radicale qui devait résoudre nos problèmes de déplacements sans la conduire à se parjurer : me mettre en internat durant la semaine. Mon père, outré, a tenté de la faire changer d'avis, mais elle est restée inflexible, et on m'a inscrite.

Le jour de la rentrée, j'ai fait mon apparition devant l'institut du Sacré-Cœur de Kalina en bulldozer. À la vue de notre impressionnant véhicule, des élèves occupés à jouer avec un hula hoop, le dernier jeu à la mode, en ont laissé tomber leurs cerceaux. J'étais sur un petit nuage devant le succès de mon arrivée ! Mais la vue de ma petite valise m'a détournée de mon plaisir : à partir de cette nuit, j'allais devoir dormir dans cet endroit inconnu. J'ai eu du mal à me retenir de pleurer lorsque j'ai embrassé mon père avant de descendre de l'engin.

Dans la classe, il y avait des bancs où l'on devait s'asseoir deux par deux. Je me trouvais dans la première rangée. À côté de moi, il y avait une Africaine. C'était le début où l'on acceptait des Noirs dans des écoles de Blancs. L'institutrice a demandé à la fille de lire un texte dans le livre de lecture. Je me suis aperçue qu'elle lisait très mal. Comme je savais bien lire, tout bas, je lui soufflais les mots.

La maîtresse, une rousse mince avec des talons aiguilles, lui a sévèrement demandé de venir au tableau. La fille s'est avancée, et l'institutrice l'a traitée de bête en prétendant qu'elle n'avait pas sa place à l'école. Là-dessus, elle lui a planté un de ses talons aiguilles dans le pied, qui en a été percé de part en part, et une mare de sang s'est répandue, que j'ai fixée avec horreur.

Ma camarade a hurlé ; moi, j'ai senti mon corps se crisper ; quelques ricanements se sont fait entendre. La maîtresse a essuyé son talon avec un chiffon et renvoyé la fille s'asseoir à côté de moi.

Elle ne parvenait plus à marcher.

Choquée et paniquée, je me suis rendue au bureau du directeur pour demander des soins pour cette petite fille ; il m'a répondu par la négative. J'en ai été abasourdie : qu'un adulte chargé de nous éduquer semble trouver normale une telle violence dépassait mon entendement et ma crédulité d'enfant.

Lors du repas, à midi, nous avons reçu de la viande et des petits pois. J'ai mangé mon morceau de poulet et j'ai délaissé mes légumes. Une sœur l'a vu, m'a fait des remarques devant tous les enfants du réfectoire et a refusé de me donner mon dessert. Après le repas, nous étions tous obligés d'aller faire une sieste. Voyant que je ne dormais pas, une sœur surveillante a enlevé sa ceinture de cuir noir, ornée de têtes de clous de cuivre, et elle m'a fouettée à sang.

Mes parents, avertis de mon indiscipline, sont venus me rechercher. En voyant les traces des clous sur mon corps, ils m'ont demandé des explications. Je leur ai donc raconté les incidents survenus durant la matinée, contenant à grand-peine mes sanglots pour parvenir à la fin de mon récit. Parler de toutes ces injustices les faisait remonter, mais cela me soulageait en même temps. Enfin, on allait faire quelque chose pour les réparer, et tout rentrerait dans l'ordre, un ordre où les adultes prennent soin des enfants, et où les institutrices ne transpercent pas les pieds des petites filles à coups de talon parce qu'elles sont noires.

Furieux, mon père s'est rendu immédiatement chez le directeur pour demander une mise à pied de l'institutrice, mais le chef de l'établissement a refusé. Mon père a également exigé que l'établissement prenne en charge les frais des soins de l'enfant blessée, et menacé de porter plainte si de nouvelles violences étaient occasionnées aux élèves. La direction s'est répandue en excuses, et la sœur surveillante a été renvoyée dans son couvent ; quant à mes frais de soins, ils ont été pris en charge par l'établissement.

Pourtant, l'intervention de mon père n'a pu empêcher que ma camarade ne revienne plus à l'école après cet épisode.

Je revois encore aujourd'hui son pied et la flaque de sang.

Après ces événements, il n'était plus question pour moi de rester au pensionnat. Je mangerais désormais mes tartines dans le parc de l'école et resterais libre de ne pas faire de sieste si je n'en avais pas envie. Quant à ma mère, elle avait dû revenir sur sa décision : elle allait faire un effort pour surmonter sa peur de conduire et m'amener à l'école chaque matin.

Jeux avec mes voisins dans notre jardin de l'avenue van Gele

Chapitre 19

La fin du Congo belge

Vers la fin de l'année 1959, mon père s'est vu proposer un contrat pour diriger un grand chantier en Australie. Il a accepté avec joie ce changement d'horizon. Notre départ pour l'Australie devait avoir lieu à la fin de l'année 1960.

Mes parents étaient ravis à l'idée de découvrir un nouveau pays et d'aller à la rencontre de ses habitants, mais ce n'était pas mon cas. Voyant ma peine à quitter mon pays natal, ma mère s'est mise à me décrire ce pays lointain peuplé de kangourous et d'aborigènes, ce qui me l'a rendu bien plus attractif, même si l'idée de partir ne me plaisait pas. Je me résignais peu à peu à ce changement de vie, mais un événement tragique allait mettre un terme à ce projet.

Mon père se trouvait dans son bureau afin de remettre leur paye à ses ouvriers quand l'un d'eux, n'étant pas satisfait du montant de son salaire, est venu se plaindre. Mon père l'a envoyé au service comptable pour vérification. L'employé, n'ayant pu que constater l'exactitude du montant, a réexpédié l'ouvrier à son travail. L'indigène ne s'est pas présenté pendant deux jours. Le troisième jour, il a réintégré le chantier, mais il est resté assis jusqu'au déjeuner à l'insu de mon père.

Alors que celui-ci était dans son bureau, l'Africain mécontent s'est approché de lui silencieusement et lui a asséné un coup de marteau sur la tempe gauche. Ensuite, il s'est enfui en laissant mon père pour mort et en menaçant ceux qui le poursuivaient.

Inconscient, mon père a été emporté à l'hôpital. Trépané, il est resté un mois dans le coma. Quand je l'ai appris, je ne me suis pas trop inquiétée, car ma mère ne m'avait alors pas révélé la nature de ce qui ne m'a été présenté que comme un accident sans gravité. Je me rappelle les visites à l'hôpital, durant lesquelles ma mère plaisantait sur notre manque de chance, puisque nous tombions chaque fois pendant sa sieste. Le soir, il m'est arrivé de l'entendre pleurer, mais je croyais que c'était uniquement parce qu'il lui manquait et qu'elle était déçue de n'avoir pas pu non plus lui parler.

Heureusement, après ce long sommeil, sa santé s'est rapidement améliorée. À sa sortie de la clinique, il a appris que cet Africain s'était rendu l'après-midi de son méfait auprès du Parquet pour porter plainte contre lui, peut-être pour licenciement abusif. Il avait alors été arrêté et incarcéré sur-le-champ. Pris de pitié pour son agresseur, qui s'était sans doute laissé entraîner à la rébellion par quelques émeutiers, mon père a demandé sa libération.

Cette tentative de meurtre avait occasionné chez mon père d'importantes séquelles physiques : il avait de graves difficultés d'élocution et des pertes d'équilibre. Il en plaisantait devant moi en expliquant qu'il avait tellement dormi qu'il devait réapprendre à parler et à marcher, mais ses troubles l'empêchaient désormais de monter sur des échafaudages trop élevés, et la vitesse au volant lui donnait le tournis. Ses rêves de chantiers australiens s'étaient envolés : il devait se trouver un poste adapté à son handicap.

Durant l'hospitalisation de mon père, je ne suis plus allée à l'école. Traumatisée par cette tentative d'assassinat, ma mère avait peur de se retrouver seule dans la rue et de se faire lyncher par des Congolais. Je devais à nouveau étudier à la maison tant que cette période d'insécurité persisterait. Évidemment, ma mère a mis cette nouvelle organisation sur le compte de l'absence de mon père et des difficultés de transport, puisqu'elle refusait toujours de conduire, mais la situation était explosive, comme je l'ai compris plus tard. Trouvant l'accession à l'indépendance trop lente à leur goût, les Africains provoquaient en effet des heurts de plus en plus fréquents et violents.

Dès que mon père a pu reprendre son travail, il a été muté sur le chantier du grand collecteur : un réseau d'égouts qui se jetait dans le fleuve Congo. Cet ouvrage était en voie d'achèvement. Il était chargé de la surveillance des derniers travaux en cours et d'effectuer une inspection générale du chantier avant son inauguration prévue pour la fin du mois de juin 1960.

Peu avant la fin juin, mon père m'a invitée à l'accompagner pour un dernier tour d'inspection avant la mise en service des égouts. Chaussée de hautes bottes, je suis descendue par une échelle dans un gigantesque boyau souterrain circulant sous la ville et descendant en pente douce vers le fleuve Congo. C'était un peu effrayant, mais fantastique, et la présence de mon père suffisait à me rassurer et à faire de cette excursion une aventure palpitante. Les égouts étaient constitués de rouleaux de béton d'environ deux mètres de diamètre assemblés les uns aux autres. Nous étions accompagnés par un contremaître africain.

Arrivés à l'extrémité du conduit, nous avons pu voir la lumière du jour, et l'eau nous arrivait aux genoux. Alors que nous avancions vers le fleuve, mon père a aperçu un madrier flotter juste devant nous. Il a demandé à l'Africain de le faire enlever, car ce morceau de bois pouvait occasionner un jour une obstruction du conduit. Parti dans un grand rire, le contremaître nous a fait comprendre que ce morceau de bois n'était qu'un crocodile dormant sur le dos, et que la couleur de son ventre avait la même couleur que le bois.

La bête avait quitté le fleuve pour venir se reposer dans la fraîcheur du conduit. J'étais impressionnée et me suis réfugiée derrière mon père, qui a alors frappé dans ses mains. L'animal, réveillé par le bruit, s'est rapidement retourné avant de rejoindre le fleuve. Sans m'en rendre compte, je vivais mes derniers instants de bonheur dans ce pays magnifique. Dans les jours suivants, l'indépendance serait proclamée.

Les semaines qui ont succédé forment dans mes souvenirs un brouillard angoissant d'attente et de visages effrayés, de peur et de suspicion. Ce n'est qu'avec le recul et mes recherches postérieures sur les événements que ma mémoire prend corps, et que les faits prennent enfin un sens pour moi.

Le 30 juin 1960, le roi Baudoin est venu faire un discours à Léopoldville et a proclamé la fin de l'époque coloniale. Joseph Kasa-Vubu est devenu le premier Président du nouvel État, qui a pris alors le nom de République du Congo. Quant à Patrice Lumumba, l'instigateur des soulèvements populaires violents, il a été nommé au poste de Premier ministre. Suite à cette cérémonie, des festivités ont eu lieu, et je me rappelle les cris de victoire et d'espoir qui retentissaient dans la ville — même si cette satisfaction ne trouvait qu'un écho anxieux sur le visage de mes parents, qui se refusaient à commenter. Mais la joie populaire allait être de courte durée.

Le 10 juillet 1960, une mutinerie a éclaté dans le camp militaire de Léopoldville, celui situé près de *La Parcelle*. Déçus de voir que l'indépendance n'apportait aucun changement à leur condition, les soldats de la Force publique se sont soulevés contre leurs officiers européens. Les exactions commises par des soldats ivres aux alentours du camp se sont soldées par quatre tués et cinquante-deux viols parmi les Européens. Nos anciens voisins, sans doute, des gens que j'avais côtoyés : coupables, victimes, complices, tant de personnes parmi lesquelles nous aurions pu nous retrouver si nous n'avions pas déménagé. J'en tremble encore à chaque fois que j'y songe. Très vite, des forces métropolitaines belges sont intervenues afin de protéger les ressortissants étrangers.

Hélas, le lendemain, cette intervention belge perçue comme une agression envers le nouvel État allait provoquer des révoltes dans tous les camps militaires de la colonie. Ces mutineries en cascade se sont rapidement transformées en un conflit militaire entre la Belgique et le Congo. Les Européens, paniqués, souhaitaient quitter le pays au plus vite.

Mes parents, qu'une éventuelle guerre civile effrayait, se sont rendus à la banque afin de vider leurs comptes, mais ces derniers venaient d'être bloqués. Le nouvel État avait fait main basse sur les avoirs des étrangers. Par bonheur, il nous restait un peu d'argent liquide.

Et notre voiture fraîchement réparée malgré les réticences de ma mère.

Ensuite, ils se sont rendus à l'aéroport de Ndjili afin de demander un rapatriement, mais l'aéroport était déjà engorgé par une foule de Blancs en fuite et en attente d'un retour au pays. La confusion était totale.

Je ne sais plus si je pleurais, si je criais, ou bien si je baignais dans un sentiment de gravité qui me laissait en état de choc. Je me souviens seulement du silence de mes parents, de l'urgence de nos gesticulations pour nous enfuir, et de la main de mon père ou de ma mère qui me tirait dans leur sillage.

Les événements avaient dégénéré trop rapidement, et le gouvernement belge, pris de court, devait organiser les évacuations. Heureusement, un employé de la SABENA, débordé par cette situation chaotique, mais de bon conseil, nous a recommandé de rejoindre le plus vite possible Brazzaville pour nous signaler auprès de l'agence de la Compagnie Maritime Belge afin de réserver nos places dans le paquebot assurant la liaison Matadi-Anvers.

Avant de gagner Brazzaville, nous nous sommes rendus chez mon parrain afin de lui proposer de rentrer en Belgique avec nous. Mais ce dernier a fermement refusé. Il préférait continuer de travailler à la Grand-Poste au péril de sa vie en attendant que les choses s'arrangent. Il y croyait, et nous l'avons revu, plus tard, en Belgique, lorsqu'il a dû rentrer après de nombreuses années à vivre dans la peur, avant de le perdre à nouveau de vue lorsqu'il a cessé de répondre à nos lettres de plus en plus espacées. Il nous a conseillé de barricader nos portes et fenêtres et de rester cloîtrés jusqu'au moment de notre départ. Selon ses dires, lui et les siens vivaient enfermés dans leur maison et dans le noir. Ils ne sortaient plus que pour se rendre au travail ou s'approvisionner. Durant la nuit, mon parrain montait la garde avec une arme à portée de main.

On m'avait oubliée dans un coin du salon, et j'écoutais sans rien dire ces adultes qui parlaient ainsi de survie, le visage grave et les yeux cernés. Je n'avais aucun doute alors sur la capacité de mon père à nous tirer de là, mais sentir ainsi les adultes qui m'entouraient s'inquiéter me plongeait moi aussi dans la peur, et le moindre bruit, le moindre mouvement venait alimenter des cauchemars éveillés qui me suivaient jusque dans mon sommeil.

Après cette entrevue, nous sommes rapidement allés à Brazzaville en bateau à aube. Dans le hall de la compagnie maritime trônait la maquette d'un magnifique paquebot. C'était à bord de ce gigantesque navire que nous allions quitter le pays. Au comptoir, une dame nous a remis nos billets pour monter à bord du paquebot steamer *Élisabethville III*. Tandis que j'admirais le fabuleux navire, impatiente d'embarquer, mes parents discutaient avec l'employée. Elle nous a garanti que des paras commandos belges se chargeraient de notre transfert de notre domicile jusqu'à la gare de Léopoldville afin de prendre le train Léopoldville-Matadi. Il nous fallait nous armer de patience encore une semaine avant le grand départ.

Sur le chemin du retour, de nombreux Européens s'impatientaient sur les quais du fleuve. Leurs voitures surchargées de bagages, ils espéraient monter rapidement dans un ferry-boat pour rejoindre Brazzaville. Passant devant eux, j'ai vu une bande de jeunes congolais armés de fusils et de bâtons frapper les voitures et menacer les passagers de leurs armes. Ces derniers, effrayés, ont pris la fuite vers le centre-ville en abandonnant leurs véhicules derrière eux. C'est la première fois pour moi que la menace a revêtu un visage, et je n'ai jamais oublié ces Congolais patibulaires et agressifs. Je nous ai sentis si vulnérables face à eux, à voir ainsi fuir tant de gens devant leur hostilité, que j'ai soudain douté que nous parvenions à leur échapper.

Avec le recul, bien sûr, je comprends le sentiment d'indignation et le désir de justice qui les animait, mais c'était un système qui les asservissait, pas la petite fille que j'étais. Et, à bien des égards, toutes ces familles qu'ils violentaient, bien que complices de ce système, y étaient tout comme eux pris au piège de traditions et de représentations qui nous empêchaient les uns et les autres de nous tendre la main au-dessus du précipice creusé par le temps de la colonisation.

Et puis tout allait beaucoup trop vite pour que cela puisse se finir heureusement...

Mais, coincée dans notre voiture avec mes parents, je les voyais comme des monstres, des méchants qui nous voulaient du mal, et j'ai été soulagée quand mon père a pu accélérer et nous conduire loin d'eux.

Juste avant de rentrer chez nous, mon père a acheté des provisions pour tenir le siège d'une semaine. Ensuite, il est allé dans le jardin et a ouvert en grand sa volière. Il a rendu la liberté à ses pigeons qu'il aimait tant. Émerveillée et grave, je l'ai regardé faire, et, tandis que les oiseaux envahissaient le ciel dans un bruissement d'ailes, j'ai eu le sentiment brutal de l'irréversibilité des événements en cours. C'est à ce moment que j'ai intimement compris que nous allions partir, quitter mon pays, abandonner tout ce qui avait fait notre vie.

Dans un silence total, ma mère a commencé à trier nos affaires tandis que Papa barricadait les fenêtres et la porte avec des planches. Coupés du monde, nous avons écouté les informations à la radio. Elles n'étaient guère encourageantes : les coloniaux fuyaient à toutes jambes un État au bord de la guerre civile.

Et moi, dans la pénombre, sursautant à chaque coup de marteau.

Un soir, deux jours avant notre départ, nous avons entendu des bruits de pas sur la barza. Mon père a pris un fusil et a ouvert la porte délicatement avant de pousser un cri de stupeur. Un Africain se tenait debout devant lui, et, à la lueur de la lune, nous avons reconnu Pierre. Notre ami, en nage, était venu sur un vieux vélo depuis *le Belge* pour prendre de nos nouvelles. Je ne saurai jamais comment il nous a retrouvés, mais ce qu'il nous a appris nous a profondément attristés.

À sa vue, j'avais senti en moi comme un élan de joie, comme si se refermait soudain cette parenthèse horrible pour rétablir notre vie dans son bonheur ancien, mais la gravité de notre ancien employé m'avait coupée dans ce sentiment.

Non, notre existence heureuse d'avant appartenait bien définitivement au passé.

Je l'ai donc écouté avec effarement, comme mes parents, tandis qu'il nous rapportait les dernières nouvelles de *chez nous*.

Certains de nos voisins avaient été tués par des soldats africains durant la révolte dans le camp militaire, et leurs femmes avaient été violées. À ses mots, ma mère s'est mise à pleurer, et mon père a écrasé une larme. Dans mon coin, je me faisais toute petite, tentant de comprendre ce que signifiaient ces paroles, ces événements. Cette maison de l'avenue van Gele que nous détestions tant ne nous avait pas porté malheur, au final. Bien au contraire, elle nous avait sauvé la vie. Si nous étions restés à *La Parcelle*, nous aurions peut-être fait partie des victimes.

De plus, sur la route menant au centre-ville, Pierre avait croisé de nombreux cadavres. Selon ses dires, il y avait eu des combats entre Africains et Blancs, mais aussi entre Africains de différentes ethnies. Il avait vu un Congolais écraser la tête d'un de ses compatriotes à l'aide d'un étau. Cette indépendance avait aussi pris une tournure de guerre fratricide.

Des visions atroces se succédaient dans mon esprit au fur et à mesure de son récit, et sa voix fêlée par le chagrin m'a beaucoup impressionnée. Les questions pressantes de mes parents, leur silence angoissé aussi. Dans les ombres projetées au plafond et contre les murs par la lueur ténue des bougies, je croyais discerner des visages monstrueux, des hordes barbares, des massacres effroyables, et ces images ont longtemps hanté mes nuits.

Pierre s'est proposé de rester avec nous jusqu'au moment de notre départ, et je crois que nous aurions sombré dans la peur et le désespoir si nous avions été privés du réconfort de sa présence tranquille. Il nous a aidés à remplir nos malles, et c'est en riant de nos retrouvailles et en pleurant sur nos futurs adieux que nous avons attendu le jour de notre fuite.

La veille de notre départ, nous avons reçu un appel téléphonique. Un responsable des rapatriements des Belges nous a confirmé que des paras commandos allaient venir nous chercher tôt le matin pour nous conduire en toute sécurité jusqu'à la gare.

C'est un mélange d'appréhension et de soulagement qui nous a assaillis à cette nouvelle.

Mon père a ensuite téléphoné à mon parrain pour lui faire nos adieux, et ça a été là aussi un moment douloureux. Nous nous sommes promis de nous revoir bientôt, mais même moi je sentais que nous n'y croyions pas tout à fait…

Depuis la déclaration d'indépendance, mes parents ont souvent gardé le silence au sujet des combats qui ont eu lieu dans la ville. Ils ne voulaient pas renforcer ce sentiment de panique qui s'était répandu chez les coloniaux. C'était aussi leur façon à eux de me protéger.

Et je dois dire que ça m'a peut-être épargné des terreurs plus grandes, mais je n'étais pas complètement dupe, loin de là, et leur silence sur les événements résonnait en moi comme la confirmation de leur désarroi, ce qui me plongeait, moi, dans un effroi glacé.

Fête du 14 juillet à Brazzaville

Chapitre 20
Le retour

Le lendemain, mes parents s'étaient levés tôt pour faire un dernier tour du propriétaire. Nous partions avec trois grandes malles de bois et quatre petites malles de fer. Nous n'emportions que des documents, quelques vêtements et des bibelots. Dans la malle qui m'était réservée, j'avais rangé ma toile du village et mon bouddha. Nous partions en abandonnant un ménage complet. Pépette, le perroquet, allait voyager à l'étroit dans une petite cage de transport pour pigeon.

Il y avait dans l'air une fébrilité où s'entremêlaient trop inextricablement chagrin, angoisse, espoir et soulagement. Nous errions comme des âmes en peine à travers les pièces de la maison, moitié automates, moitié fantômes.

Lorsque le camion est arrivé, les malles ont été embarquées en deux temps, trois mouvements, et nous avons dit au revoir à Pierre — des embrassades déchirantes. Juste avant de monter dans le véhicule, mon père lui a proposé de prendre tout ce qu'il y avait dans la maison et lui a remis les clés de notre voiture.

Celui-ci a d'abord voulu refuser, mais un regard de mon père lui a bien fait comprendre que nous n'en aurions plus l'usage, et qu'il y avait droit bien davantage que les pillards qui viendraient ensuite se servir. Une poignée de main solennelle s'en est suivie entre les deux hommes, longue, dans le silence si plein de sens d'un regard entendu qui rend les mots inutiles.

Ensuite, le camion bâché a pris le chemin de la gare. Serrés les uns contre les autres, nous nous sommes retrouvés dans l'obscurité. De l'extérieur nous parvenaient des hurlements et des bruits de mitraillettes. Notre convoi était pris pour cible, et notre escorte ripostait vaillamment.

Comme je tressaillais à chaque détonation, mes parents m'ont serrée contre eux. On nous a demandé de nous coucher sur le sol, et les points de lumière qui se sont ouverts dans les tentures de notre véhicule nous ont fait prendre conscience que c'était nous qu'on visait. Un rayon de soleil a traversé le compartiment pour se poser sur la joue d'un militaire au visage dur. Le suivant a éclairé la main de ma mère, pressée dans celle de mon père.

Arrivés à la gare, les soldats nous ont donné l'ordre de courir tête baissée jusqu'au train tandis qu'ils nous couvraient. À ce moment, une rafale de mitraillette s'est fait entendre. Des balles passaient au ras de nos têtes et venaient frapper contre la carrosserie du train, provoquant des étincelles, ou dans les vitres qui explosaient sous les impacts. Il y avait des cris, des pleurs, des râles, mais je courais de toutes mes forces, les yeux fermés par la frayeur, mes pieds touchant à peine terre tandis que mes parents me soulevaient presque en m'entraînant par les mains, le perroquet terrifié ballotant dans son panier au bout du bras de mon père. C'est sous une pluie de débris de verre que nous sommes montés dans le train dans lequel d'autres soldats belges nous attendaient. Ils nous ont obligés à nous mettre à plat ventre et à ne nous relever sous aucun prétexte.

Du dehors provenaient le vacarme des échanges de tirs et le bruit des balles qui ricochaient contre les wagons. Je n'avais heureusement pas cédé à la panique, confiante en ces adultes qui semblaient savoir ce qu'il fallait faire, car le silence de mes parents concernant cette guerre m'avait aidée à ne pas mesurer la gravité des événements et à surmonter plus facilement cette situation hors du commun.

La seule chose qui me préoccupait tandis que nous attendions le départ du convoi à plat ventre sous les sièges était ma malle. Qu'étaient devenus nos bagages dans ce chaos et ces échanges nourris sur le quai de la gare ? Avaient-ils résisté aux balles ? Ma peinture et mon Bouddha étaient-ils endommagés ? Pour l'heure, je devais rester couchée avec pour seul horizon le sol de notre wagon.

Après être restés de nombreuses heures ainsi, nous avons pu nous relever et prendre des rafraîchissements. Nous approchions des montagnes de Cristal, et ses gorges profondes empêchaient les tireurs de nous atteindre.

Arrivés à Matadi, nous nous sommes aperçus que la ville était sécurisée. Le danger était définitivement écarté. Quelle n'a pas été ma joie de voir nos malles sortir du wagon à bagages ! Elles étaient intactes ! Une dernière fois, nous avons regardé le «*train blanc*», qui n'était blanc que de nom. Il était entièrement criblé d'impacts de balles, et la plupart de ses vitres étaient cassées.

Un peu plus loin, un paquebot nous attendait. L'*Élisabethville III* effectuait son dernier voyage. Par mesure de sécurité, la Compagnie Maritime belge cessait définitivement ses liaisons vers le Congo belge.

Fête de Saint-Nicolas dans le Grand Bazar à Léopoldville

Chapitre 21
Welkom

Un des premiers souvenirs très nets que j'ai est celui de mon retour en Belgique.

Je me souviens de manière confuse du bruit des balles et de la cavalcade, des cris et de la peur tandis que nous fuyions le Congo, mais je revois nettement l'immense bateau qui devait nous ramener en Belgique, ce pays inconnu et exotique dont on m'avait si peu parlé, mais qui revêtait pour moi l'apparence d'un lieu étrange et lointain, un peu effrayant et excitant à la fois.

Ce paquebot gigantesque, éblouissant de blancheur sous le soleil plombant des tropiques, crachant sa fumée noire dans les embruns de l'Atlantique, a été pour moi l'incarnation fabuleuse de cette nouvelle aventure qui commençait.

Bien qu'effrayée, je suis montée à bord avec l'excitation et la curiosité que doivent ressentir tous les autres enfants de presque sept ans dans pareilles circonstances.

Mon père nous a laissées sur le pont, ma mère et moi, tandis qu'il partait entreposer nos maigres possessions dans la cabine exiguë qui allait devenir notre nouvelle maison pour les deux semaines que durerait le voyage.

Je me rappelle que la corne de brume m'a fait sursauter et que je me suis serrée contre ma mère, pensant au rugissement furieux de quelque terrible monstre marin. Ma mère a ri — que c'était bon ! —, et le bateau titanesque s'est mis à ronronner et à s'ébranler.

Nous nous sommes installées à l'arrière.

Ce n'est qu'en observant l'embouchure du fleuve Congo et les bâtiments blancs et scintillants de Banana rapetisser lentement, en voyant mon pays vert et feu se noyer dans le bleu argenté de l'océan, que j'ai compris que nous ne partions pas à l'aventure.

Nous étions en fuite.

Chassés.

Nous quittions définitivement notre pays.

Comme des intrus.

Je crois que j'ai pleuré, en silence, agrippée à la balustrade. J'ai senti ma mère se serrer contre moi sans rien dire. Quelques instants plus tard, tandis que la terre d'Afrique disparaissait sous les eaux glacées, mon père nous a rejointes. Blottie entre eux, j'ai compris que mon pays, maintenant, serait cette contrée froide et pluvieuse vers laquelle nous voguions désormais, et que ma seule certitude sur le monde se résumait à ces deux corps qui m'entouraient.

Une mission catholique dans laquelle ma mère a travaillé

Chapitre 22
Chez moi

Sœur Agnès me sourit tristement, et Noëlla me serre spontané-ment dans ses bras. Je réalise que j'ai parlé longtemps, et, même si je n'ai pas tout dit, j'en ai raconté assez pour laisser deviner ma détresse. J'ai un peu honte de m'être ainsi découverte, et je redoute un peu le rejet que je vais susciter, comme dans mon école précédente, mais ma camarade se détache de moi pour se rasseoir à côté de moi sans lâcher ma main.

— Tu as vécu beaucoup d'aventures, Irène, me dit doucement Sœur Agnès avec un regard brillant de bonté, et tu racontes très bien. Je sais que c'est dur de devoir tout recommencer ailleurs, mais tu dois me croire et me faire confiance : tu es désormais ici chez toi. La Belgique est ton pays, et cette école est ton école. N'hésite pas à venir me parler si tu as le moindre souci. Nous trouverons des solutions pour que tu te sentes bien parmi nous.

Elle m'adresse un sourire auquel je ne peux faire autrement que de répondre, subjuguée par sa gentillesse. J'ai envie de pleurer et de la serrer dans mes bras. À la place, je serre la main de Noëlla et hoche la tête sans parvenir à parler.

— Avant ton arrivée, reprend-elle, nous étions en train de jouer de la musique. Va donc te chercher une guitare, là-bas, pour nous accompagner.

Elle me désigne le coin du gymnase où une grande armoire ouverte laisse voir quelques instruments de musique. Obéissante, je cours récupérer l'objet demandé et me rassieds, embarrassée.

— Tu as déjà joué d'un instrument ? m'interroge-t-elle de sa voix caressante.

Je secoue la tête, appréhendant une brimade, une moquerie de l'enseignante ou de mes nouvelles camarades, mais il n'en est rien. Au contraire, pendant quelques minutes, elle m'explique comment tenir la guitare et me donne des instructions simples pour pouvoir les accompagner dans leurs morceaux.

Pendant toute la matinée, je me sens bien et prends plaisir à découvrir chants et musique.

Je découvre enfin le bonheur d'étudier dans la bienveillance et la camaraderie.

Et, les jours qui suivent, les semaines, les mois se succédant, une impression s'installe en moi, un sentiment que je croyais perdu à tout jamais : certes, j'ai perdu ma patrie natale, celle de mon cœur, mais j'ai gagné une nouvelle place, un nouveau pays, un nouveau monde plein de promesses.

Je suis *chez moi*.

Dans notre appartement sur La Parcelle

Postface

Mes enfants, c'est pour vous que j'ai soulevé le voile de mon passé afin de remonter en historienne le fil de ma vie. Vous vouliez me découvrir, et je ne suis pas loin de m'être redécouverte.

Je réalise avec ce cheminement que vous m'avez poussée à accomplir que l'Histoire a toujours marché dans ma vie, le bruit des bottes des soldats jamais très loin des pas feutrés de mon bonheur.

Il y a beaucoup d'ombres en moi où se recroquevillent les souvenirs transis de mes chagrins, mais ces sombres pensées sont bien claquemurées, contenues derrière le barrage que les présents de l'existence m'ont permis d'édifier, et notamment votre venue dans ma vie.

J'ai entrouvert les vannes de ce barrage pour laisser s'écouler hors du secret de mon mutisme la vérité qui a nourri ce que je suis, et je m'aperçois que c'est un peu de vos racines que je vous rends grâce à ces pages, mais il est temps désormais de tarir le flot du passé pour me tourner plus sereinement vers les rameaux que vous me tendez dans le ciel bleu qui s'offre à moi.

Le soleil brille sur nous, et je veux avancer avec vous — pas pour fuir les fantômes du passé, mais pour collectionner encore de nouveaux souvenirs heureux...

Lexique

Bamboula : insulte raciste utilisée par les Blancs contre les Noirs, et dérivés du nom du tam-tam africain.

Barza : terrasse couverte.

Bintu : affaires.

Boula-Matari : casseur de rochers, surnom donné à l'un des conquérants belges du Congo.

Bwana : nom respectueux donné aux colons blancs.

K

Kapitula : sorte de short ou de bermuda.

Kiswahili : les langues swahilies, ou parfois souahélies, sont un groupe de langues bantoues de l'Afrique de l'Est. Parmi ces langues, la plus parlée d'Afrique subsaharienne est le kiswahili qui sert de langue véhiculaire dans une vaste région d'Afrique de l'Est ; elle a été adoptée comme langue nationale au Kenya, au Congo Kinshasa et en Ouganda, et comme langue officielle de facto en Tanzanie. Comparé aux langues vernaculaires du groupe swahili, le kiswahili présente des traces de créolisation, ainsi que de nombreux emprunts, notamment à la langue arabe.

L

Lingala : le lingala est une langue bantoue parlée en République démocratique du Congo et en République du Congo.

M

Matabiche : pourboire.

P

Pichis : desserts.

Poto-poto : compote, boue.

T

Touque : fût de carburant.

Tshop : plat, mets.

Bibliographie

Le Belge

Intrusions

Dépôt légal 2020

Printed in Great Britain
by Amazon